Wolfgang J. Gerlach

Monsieur Acheseau

und der Mord im Sauerland-Express

eine postfaktische Krimi-Parodie
(inspiriert von einem Bestseller)

Ruhrkrimi-Verlag

Das Theaterstück zum Buch und dessen Aufführungsrechte sind erhältlich unter:

www.mein-theaterverlag.de

Weitere Theaterstücke und Bühnenadaptionen des Autors finden Sie auf:

www.wolfgang-gerlach-theatertexte.de

Foto: Beate Gerlach

Wolfgang J. Gerlach, geboren 1955, studierte nach seinem Abitur in Witten Englisch und Kunst mit dem Schwerpunkt Fotografie in Essen.

Beeinflusst von den Bänkelbarden seiner Jugend (z. B. *Ulrich Roski* und *Schobert & Black*), textete er zwischen 1996 und 2008 über einhundert Songparodien u. a. für die *Haarzopf Harmonists* im Chorkarneval der katholischen Kirchengemeinde Christus König in Essen-Haarzopf.

Von 2005 bis zu seiner Pensionierung 2020 leitete er die Theater-AG am Gymnasium Petrinum in Recklinghausen.

So entstanden Bühnenbearbeitungen von Autoren wie Curt Goetz, Gisa Pauly, Bernd Stelter, Stücke für junge Zuschauer und »Dinner – für wann?«, die Krimiversion des bekannten TV-Sketches um den 90. Geburtstag von Miss Toffee, die 2019 die erste Aufführung eines Stücks aus seiner Feder außerhalb Nordrhein-Westfalens präsentierte.

»Der letzte Martini« versteht den Text des *Wise Guys*-Songs als Ansatz und konstruiert eine Agentenparodie, in der Jamian Bunt, der allseits bekannte Geheimagent 997, seinen Job an den Nagel hängen muss und in ein Altersheim in Deutschland zieht.

Hinzu gesellten sich zahlreiche Satiren sowie eine Rock'n'Roll-Version der Shakespeare-Oper »Windsors lustige Weiber«.

Wolfgang J. Gerlach lebt und schreibt in Essen-Haarzopf und in Haselünne.

Bibliografische Information der Deutschen Nationalbibliothek:
Die Deutsche Nationalbibliothek verzeichnet diese Publikation in der Deutschen Nationalbibliografie; detaillierte bibliografische Daten sind im Internet über https://dnb.de abrufbar.

Druck: BoD, Norderstedt
Coverfotos: Wolfgang Gerlach

ISBN 978-3-947848-38-6
1. Auflage (Originalausgabe)

Auch als eBook (ISBN 978-3-947848-39-3) erhältlich.

Disclaimer:
Alle Personen und Namen innerhalb dieses Buches sind frei erfunden. Ähnlichkeiten mit lebenden Personen sind zufällig und nicht beabsichtigt.

https://ruhrkrimi.de

für Oma Bruchhausen,
die dieses Buch nach der Lektüre
mit einem sachten Schütteln
ihrer weißen Dauerwelle
und einem sanften
»Ochottochottochott«
aus der Hand gelegt hätte

Inhalt

Fahrplanmäßig?

»Ach so!«

Es klang sehr französisch, aber die übrigen Reisenden auf dem Bahnsteig in Marsberg standen zu weit entfernt, als dass sie das hätten hören können. Außerdem unterhielten die beiden Frauen sich sehr angeregt. Bei den drei Männern hingegen redete nur einer, der mit der Sechziger-Jahre Hornbrille.

Auch bis zu dem auf der anderen Seite leicht abseits von ihnen rastlos auf und ab schreitenden Kirchenmann drang das nicht durch. Die wenigen übrigen Wartenden waren zu sehr mit sich selbst beschäftigt.

»Ach so!«

Bedächtig fuhr der kleine Finger der rechten Hand über die Liste der Einträge hinter der welligen Kunststofffolie. Die winzigen Regentropfen, die er dabei zu schmalen Rinnsalen zusammenschob, trickelten hinter den unteren Rand des angerosteten Fahrplanrahmens.

»Alors... Um 21 Uhr 38 losgefahren... Dann ist er um eine Minute vor zehn hier. Bis Brilon Wald braucht der Zug einundzwanzig Minuten.« Ein kurzer Blick auf die goldene Armbanduhr reichte nicht aus. »Und nach weiteren acht Minuten kommen wir in Olsberg an. Bis Hagen sind es insgesamt zwei Stunden und vier Minuten. Gar nicht mal so petit, ce Sauerland.« Akribisch wischte der mittelgroße Fremde das Regenwasser vom Sichtglas seiner Patek Philippe-Sonderimitation. Zwecklos. Dass ihm das Wasser über die gelackten Haare in den Trenchcoatkragen rann, schien ihn hingegen weniger zu irritieren. Denn Hauptsache, der Schnurrbart blieb in Form.

Die Sonne war dabei, sich zur Ruhe zu begeben; die Dämmerung hatte eingesetzt. Doch die dichte Wolkendecke verheimlichte all dies fast vollständig. Trotz des stärker werdenden Niederschlags flanierte derweil ein seriös gekleideter Mittsechziger mit einer gelben Plastiktüte das von einigem Unkraut durchsetzte Betonpflaster des schmalen Bahnsteigs entlang und kontrollierte minutiös, erkennbar gut gelaunt, die schäbigen Mülleimer auf 8-, 15,- oder 25 Cent-Fundstücke aus braunem Glas, PET oder Weißblech.

»Ich hätte ja gerne noch ein paar Tage länger hier Urlaub gemacht.« Er verstaute das Handy wieder in der linken Hosentasche. »Diese Textnachricht indessen...« Gedankenverloren zwirbelte er nacheinander die nach unten gebogenen Enden seines gelb-blonden Walross-Schnäuzers. Die gerade angesprungene Bahnsteig-Beleuchtung nahm davon keine Notiz.

Sein Gesprächspartner lächelte und schaute seinerseits auf die Uhr.

»Ich bezweifle, das wir hier in Marsberg pünktlich abfahren werden, mon vieux.«

»Ich habe immer gedacht, Reisende soll man nicht auffalten.« Er hatte das mit dem aspirierten »H« der französischen Sprache schon in der Grundschule nicht verstanden.

Der Bahnsteiglautsprecher begann zu krächzen. »Meine Damen und Herren! Der Sauerland-Express von Warburg nach Hagen hat wegen einer Verzögerung im Betriebsablauf eine Verspätung von zehn bis fünfzehn Minuten und verkehrt außerplanmäßig aus Gleis... ääh... nee, aus demselben Gleis wie sonst auch. Wir bitten, dies zu entschuldigen.«

»Sag ich ja.« Er blickte sich besorgt um. »Ich bin ja nur froh, mon cher, wenn alle Reisenden den Gleiswechsel mitbekommen.« Hastig zog er den Kragen seines polangen Slim-Fit-Mantels aus braunem Wollmischgewebe enger und verlagerte sein Gewicht unruhig vom rechten Business-Klassiker in Wildleder-Ausführung auf den linken und zurück.

»Es gibt keinen Gleiswechsel, Monsieur Trouc.«

Doch die simple Antwort kam nicht an. »Wäre eigentlich schade, falls jemand diese Fahrt verpassen würde. Schließlich hat eine Vielzahl der Reisenden heute Abend diesen Trip im großen DB Regio-Jahrespreisausschreiben gewonnen... Ich werd´ dann mal.« Zum Abschied berührte er die weiche Kante seiner schwarzen Baskenmütze. »Wir sehen uns später.«

Die Lautsprecherstimme meldete sich ein weiteres Mal. »Achtung, noch eine Durchsage: ›Das Rauchen ist nur in den gekennzeichneten Raucherbereichen gestattet.‹«

Der Fremde dachte laut vor sich hin. »Es gibt demnach wohl auch ungekennzeichnete?«

Der Sauerland-Express

»Auf Gleis... fährt... der RE17, der Sauerland-Exp... von War... nach Ha... Bit... Vor... bei der Einfa...!« Der prasselnde Regen verhinderte ein durchgängiges Verständnis der Durchsage. Den Rest erledigte der heranrollende Vertreter des ÖPNV selbst.

Mehr oder weniger erfolgreich geduldeten sich die Menschen auf dem Bahnsteig, bis die Handvoll derjenigen, die hier aussteigen wollten, diesem Bedürfnis nachgekommen war. Manch einer schlug den Mantelkragen hoch, so dass man sein missmutiges Gesicht nur noch von vorne sehen konnte. Andere wetteiferten mit ihren Schirmen darum, wem es vergönnt sein würde, länger trocken zu bleiben. Zwei Schüler verpassten einander und sich selbst nicht nur patschnasse Hosenbeine, indem sie die Tiefe jeder Pfütze durch heftiges Hineintreten verringerten. Ihr lautes Lachen übertönte sogar die Geräusche, die Tief »Sylvia« an den Abend des Tages legte.

Viele Worte wurden an diesem Freitag eh nicht gemacht, sah man von dem schwärmerischen Wortschwall ab, mit dem ein in blauer Latzhose und Regenjacke mit rückwärtigem Firmenlogo gekleideter Endzwanziger seinen fast identisch angezogenen, vielleicht etwas älteren Kollegen zutextete. »Ich hab's gewusst, hab ich's doch gewusst! Dieses Mistwetter!« Die beiden blieben in unmittelbarer Nähe des Schnauzbärtigen stehen und bemühten sich längere

Zeit vergeblich, ihre immer feuchter werdenden Zigaretten zum Brennen zu überreden.

»Du musst auch deine andere Flosse über meine halten, Mann!«

»Knalltüte du, du lullst doch eh anne Fluppe, bis se klitschnass is!«

»Verdammte Hacke... Diese Wetterberichte stimmen doch nie.«

»Du Quaterkopp, du machs mich noch wahne ramdösig! Chetz hör auf rumzunölen!«

»Stimmt aber! Seit meine Tante mir als Zehnjährigem versprochen hat, mit mir in den Grugapark nach Essen zu fahren und der Wetterbericht gutes Wetter für den Ausflug versprach, glaub ich nicht mehr daran... Es hat nämlich geplästert wie heute, und wir sind nicht gefahren. Ich war sowas von sauer, Mann!«

»Erstens sagt man nicht ›Wetterbericht‹, sondern ›Wettervorhersage‹, und zweitens solltest du dir dringend die Svendia-Plönert-App besorgen. Die schneidet, was die Genauigkeit angeht, bei den Google-Bewertungen jedes Mal am besten ab.«

»Und du hast die?«

»Klar doch! Woher sonst hätte ich meinen Rat an dich nehmen sollen, die Regenjacke mitzunehmen? Einem Frosch mit einer Leiter in einem Weckglas würde ich nicht trauen.«

Die zwei machten, dass sie weiterkamen, während die verbliebenen Wartenden an der ausfahrbaren Treppe des roten Regional-Express-ZugCafé-Wagens drängelten... entweder hinaus oder hinein. Der Letzte war der Eigentümer der gelben Plastiktüte.

Als der Sauerland-Express sich endlich in Bewegung setzte, hatte das Wetter das letzte Wort.

Verona Gazette

April 1, 2016

Fatal End to a Family Drama

Industrialist's underage daughter found stabbed

The few graveyard visitors who wanted to take the chance of visiting their relatives' graves before Mass were filled with dismay.

Verona, WI Early Sunday morning yesterday the visitors of the municipal graveyard were appalled by some sight of horror. Not far from the entryway, the dead body of young Paris Prince, only son to our honorable mayor Escalus Prince, was lying steeped in blood. Several slashes and stabs had provided a cruel end to his young life. Strangely enough he held some flowers in his left hand.

Right in front of the vault of the Capulets, the renowned manufacturing family, about a dozen of the same flowers as mentioned above lay scattered about the place. Here their thirteen-year-old daughter Julia was found dead by her nurse, of all people. She had purposefully been stabbed with a Renaissance dagger, as proved by the autopsy in the local forensic pathology immediately ordered.

This might point at the potential culprit, for Romeo M., son to another industrialist family known all over town, is a noted collector of old swords and daggers and even took part in an exhibition of historical weapons last year. There are also proceedings pending against him because he is suspected to have killed Tybalt Capulet, quarreling with the cousin to the girl murdered yesterday. He has just been granted bail (our report).

It still has to be elucidated which role is played by a vial which was found at the scene of the crime. Like a quick chemical analysis in the police lab of Milwaukee revealed, it contained an extremely effective poison.

At present it is not possible, however, to question the suspect as regards the reproaches, for Romeo M. is on the run.

Fataler Ausgang eines Familiendramas

Minderjährige Fabrikantentochter erdolcht aufgefunden

Entsetzen packte die wenigen Kirchhofbesucher, die die Zeit vor dem Gottesdienst nutzen wollten, um die Gräber ihrer Angehörigen zu besuchen.

Verona, WI Gestern am frühen Sonntagmorgen bot sich den Besuchern des städtischen Friedhofs ein Bild des Grauens. Unweit des Eingangs lag die blutüberströmte Leiche des jungen Paris Prince, einziger Sohn unseres hochverehrten Bürgermeisters Escalus Prince. Mehrere Hieb- und Stichwunden hatten seinem noch jungen Leben ein grausames Ende bereitet. Seltsam war nur, dass er einige Blumen in der linken Hand hielt.

Unmittelbar vor der Gruft der renommierten Fabrikantenfamilie Capulet fand inmitten solcher Blumen ausgerechnet ihr Kindermädchen deren erst dreizehnjährige Tochter Julia, die durch den gezielten Stich mit einem Renaissance-Dolch getötet wurde, wie die unmittelbar angesetzte Obduktion in der hiesigen Pathologie ergab.

Dies könnte ein Hinweis auf den möglichen Täter sein, denn Romeo M., Sohn einer anderen stadtbekannten Industriellenfamilie, sammelt bekannterweise alte Schwerter und Dolche und hat sogar im letzten Jahr an einer Ausstellung historischer Waffen teilgenommen. Auch ist noch ein Verfahren gegen ihn anhängig, da er im Verdacht steht, im Streit Tybalt Capulet, Cousin des gestern ermordeten Mädchens getötet zu haben. Er war nur gegen Kaution auf freien Fuß gesetzt worden (wir berichteten).

Welche Rolle eine am Tatort gefundene Phiole spielt, die – wie eine chemische Schnellanalyse im Polizeilabor von Milwaukee ergab – ein äußerst schnell wirkendes Gift enthielt, bleibt noch aufzuklären.

Derzeit ist es allerdings nicht möglich, den Verdächtigen zu den Vorwürfen zu befragen, denn Romeo M. ist flüchtig.

Das ZugCafé und seine Fahrgäste

Die beiden Freunde trafen einander an dem größten der drei Stehtische im ZugCafé. Nachdem Acheseau seinen Trolley darunter geparkt und seinen nassen Trenchcoat an den Haken neben dem Fenster gehängt hatte, zwängte er sich in die Ecke an der Trennscheibe zum Nachbarabteil.

Wenige Momente zuvor hatte bereits ein wohlgelaunter Bernard Trouc seine rechte Gesäßhälfte auf dem blau-karierten Stehsitz ihm gegenüber platziert und in einer Zeitschrift geblättert. Nun hob dieser seinen wartend aufgestützten Ellenbogen von der blitzblank gewienerten Tischplatte. »Eh bien, da sind Sie ja, mon ami...« Er wollte gerade die neueste Ausgabe des »Wochenblatt für Landwirtschaft und Landleben« sorgfältig wieder zusammenfalten, da wurde sein Blick von einer Kleinanzeige wie magisch angezogen. »Hören Sie mal: ›Nebenjob für rüstige Großmutter! Wir suchen eine Mitarbeiterin für den Hühnerstall in Teilzeit. Antwort unter Chiffre...‹ Hauptsache, das notwendige Motorrad ist vorhanden.«

Das herzliche Lachen der beiden mündete in einen Moment der Melancholie. »Mensch, wäre ich bloß Dichter!«

»Das hat sich Heinz Erhard als kleines Kind von der guten Fee ebenfalls gewünscht...«

»Bitte?« Offensichtlich waren ihm bislang weder der Name, noch die Begebenheit je untergekommen.

Acheseau musste etwas weiter ausholen. »In Anbetracht seiner nassen Windel.« Kopfschüttelnd ob seines nicht angekommenen Bonmots, griff er Troucs Thema auf. »Und Ihr Grund für einen solchen Berufswunsch?«

»Ich würde dieser Szene einen Vierzeiler widmen.« Seine Geste schloss das gesamte ZugCafé ein.

»Wie der denn wohl lauten würde, Monsieur Trouc?« Er musste wohl oder übel Interesse zeigen.

»Das ist zweitrangig, oder? Das hier... es böte sogar Stoff für vierzehn Zeilen, gewissermaßen ein Sonett, mon cher. Vierzehn..., so viele Zeilen wie unterschiedliche Leute hier auf engstem Raum..., Leute unterschiedlichen Alters, zumeist unterschiedlicher Nationalität... Was diese Menschen, die einander zum Teil ja gar nicht kennen, zusammengebracht hat, ist diese Fahrt des Sauerland-Express..., die Jungfernfahrt des ZugCafés, wie ich nicht ohne Stolz erwähnen darf. Die Fahrgäste trinken hier etwas, nehmen vielleicht einen Snack zu sich, verbringen Lebenszeit...«

»Ist halt die Bahn, n'est-ce pas?«

»Höre ich da leisen Spott in Ihrer Stimme? Nun ja... Einen Kaffee, mon cher? So zur Verkürzung der Zeit... zum Zeitvertreib wollte ich sagen.« Er wartete die Reaktion nicht ab, sondern trat an den ellipsenförmigen Tresen hinter ihm.

Dass der ZugCafé-Bedienstete wahrlich nicht der geschickteste bei der Arbeit war, gab dem Gefragten Zeit, gedankenversunken den Blick im ZugCafé umherschweifen zu lassen.

Einer der drei Männer an der Treppe Richtung Ausgangstür auf der anderen ZugCafé-Seite verspeiste auf der zweiten Stufe sitzend genüsslich ein Sandwich. Er hatte Mühe, beim Kauen zuzuhören. Seine marineblaue Schiebermütze machte ihrem Namen alle Ehre, indem sie jede Kaubewegung rhythmisch mitmachte.

»Nur mit Phantasie kann man Probleme lösen, meinen Sie nicht, Zabaioni? Und wenn alles nicht hilft...« Er gähnte herzerweichend.

Der Angesprochene schaffte ein wenig Sprechraum im Mund, wischte sich, bevor er den Kopf hob, eine Spur Remoulade aus dem linken Mundwinkel. »Mein Reden, Partmann.«

Der dritte im Bunde nickte lediglich, hauchte heftig auf die Gläser seiner Hornbrille, um sie alsdann mit einem noch leidlich frischen Stofftaschentuch zu polieren.

Bernard Trouc kam zurück an den Tisch und kredenzte auch seinem Gast einen Becher mit dem lauwarmen braunen Nass. »Louc ist von Hause angelernter Kontrolleur. Er hat es noch nicht so mit dem Kaffeekochen... Mensch, was mich immer wieder ärgert, sind die Zuschläge, die wir Bahn-Offizielle in Restaurationseinrichtungen dieser Ausprägung hier genauso zu bezahlen haben wie Normalsterbliche.« Er checkte sein Wechselgeld. »Sie sind selbstverständlich eingeladen.«

»Zuschläge?« Das Schlürfen hätte er sich schenken können.

»Ja, Preiszuschläge, wie zum Beispiel die 20 Cent Fehlermeldezuschlag gemäß §20b, Absatz 1c, Nr. 3 des Restaurationswagenbetriebssicherstellungsgesetzes.«

»Ist das so? Warum?«

»Ganz simpel: Wenn etwa der Wasserkocher eine Fehlermeldung produziert und das Gerät im nächsten Bahnhof zwecks Überprüfung und eventueller Reparatur ausgetauscht werden muss, so verursacht das Kosten. Und die werden auf die Tee- und Kaffeetrinker umgelegt..., bundesweit gerechnet und bundeseinheitlich erhoben.« Um sich abzulenken, nickte er beinahe unmerklich in Richtung einer in ihrer unmittelbaren Nachbarschaft stocksteif in ihrem Rollstuhl sitzenden Dame und senkte die Stimme. »Das ist übrigens Baronin Brundula von Brause.«

Die wandte sich gerade an Louc. »Sie werden so freundlich sein und eine Flasche Mineralwassers und ein mittelgroßes Glas Kirsch-Bananensafts zu meinem reservierten Platz im Nachbarabteil bringen. Sie werden es arrangieren, dass ich zum Abendessen eine Portion Hähnchen-Innenfilets...«

»Wir haben keine warmen Mahlzeiten auf der Karte, Madame la Baronesse. Dies ist ein ZugCafé.« Lou Louc musste sie genauso unterbrechen wie das Kassieren des Fenchel-Anis-Kümmel-Tees für den Mann am Tresen.

»Hinter Ihnen harrt eine Mikrowelle auf ihren Einsatz!« Ihrem Fächer gelang es nicht wirklich, ihren aufsteigenden Ärger wegzuwedeln.

Loucs Gesichtsfarbe sprang auf Rot. »Das sieht nur so aus, Madame. Darin bewahre ich meine Tasche mit dem Fahrkartenscanner auf.«

Die Baronin wandte sich an ihre Begleitung. »Kommen Sie, Fräulein Belle.« Wütend ließ sie sich aus dem ZugCafé schieben.

Als er die gläserne Schwingtür zum Nachbarabteil, die er zuvorkommend offen gehalten hatte, in ihre Position zurückpendeln ließ, musste Acheseau doch nachhaken. »›Hähnchen:innen‹? Ich war immer der Überzeugung, die weibliche Form heiße im Deutschen ›Hühnchen‹?« Er schüttelte den Kopf.

»Baronin von Brause wollte, nebenbei bemerkt, unbedingt mal Nachrichtensprecherin werden. Sie ist ausgesprochen wählerisch, nicht nur in ihrer Ausdrucksweise. Übrigens: Sie reist und diniert prinzipiell zusammen mit ihrer Friseurin.«

»Wahrscheinlich...«, mutmaßte sein Gesprächspartner geistesabwesend, »...essen sie bei der Gelegenheit sogar gemeinsam zu Abend.«

»Aber die Baronin sollte ihre Begleitung nicht mit ›Fräulein‹ anreden. Das gehört sich heutzutage einfach nicht mehr.« Bernard Trouc fuhr sich fahrig mit seinem Fingerkamm durch das schüttere Haar. »Haben Sie die Jeans dieser Friseurin gesehen?«

»Wieso? Was war denn damit?« War sein Geist noch nicht wieder anwesend?

»Völlig zerrissen das Teil...«

»Wer's mag... Das stört doch keinen großen Geist.« Was, wie es schien, auch auf ihn zutraf.

Da durch den Abgang der zwei Damen sein Sichtfeld unerwartet vergrößert worden war, fiel der Blick Monsieur Acheseaus jetzt auf die rechte ZugCafé-Seite.

In die entstandene Stille hinein tönte es von dort im herrlichsten Kölsch. »Also, Frau van Nebben-Aan, mein Sohn sagt: ›Nun‹, sagt er, ›in dieser Gegend sind die Leute nun mal dickfellig‹, sagt er. Unsere Initiative wird's nicht leicht haben. Aber, Zitat: ›Wir schaffen das!‹« Zufrieden nickend, korrigierte die Mittvierzigerin ihre Sitzposition, indem sie sich um neunzig Grad drehte und ihre Oberschenkel und Füße quer zur Fahrtrichtung positionierte. Übermäßig bequem war der linke der drei Klappsitze anscheinend nicht.

Gleiches galt, wie es schien, für den rechten Sitz entsprechend, denn die Angesprochene, offensichtlich eine Niederländerin, tat es ihr nach.

»Ist das so, Mevrouw Stubbard?« Sie wirkte nicht sonderlich kontaktfreudig.

Sie saßen nun parallel zueinander, mit den Rücken zum Fenster, wie vom Designer der ZugCafé-Einrichtung vorgesehen.

»Es geht halt nichts über Influencing. Wir müssen unsere rheinischen Standards ins Land tragen. Mein Sohn sagt...« Sie entnahm ihrer hellgrünen Kunstleder-Handtasche, mit der sie den hochgeklappten, mittleren Klappsitz freigehalten hatte, ein Taschentuch und schnäuzte sich vornehm die Nase.

Am anderen Ende des Tresens stand Bischof Berdochnoch... allein. Er hatte das Gespräch der beiden

Damen – soweit es die Distanz zuließ – aufmerksam verfolgt. Der Blick der ungleichen Freunde wanderte zur anderen Seite des Wagens, wo man ein Paar am Stehtisch in der Nähe der Treppe sah, das sich angeregt miteinander unterhielt.

»Sie turteln wie die Trauben... Mann und Frau... eh?«

»Das Ehepaar...? Äh... ja... äh... Nie.«

»Nie?«

»Das sind Graf und Gräfin Nie. Belgische Botschaft, sagt man. Das perfekte Paar.«

»Erinnern Sie sich an den Mann da?« Er wies auf den teuer gekleideten Zwei-Meter-Mann an der Theke. »Er stand ebenfalls auf dem Bahnsteig in Marsberg.«

»Um die Wahrheit zu sagen, mon ami, habe ich mich nicht für ihn interessiert. Er hat auf mich einen unangenehmen Eindruck gemacht. Und Sie?«

»Als er an mir vorbeiging, hatte ich einen eher... seltsamen Eindruck von ihm.«

»Sie sind wunderlich, mon vieux. Ich gehe jetzt zurück zu meinem Sitzplatz im Dienstabteil da oben.« Er wies auf die Stufen. »Kommen Sie gerne gleich herauf... vielleicht auf eine Partie Schach. Da dürfen Sie auch Ihren nassen Mantel und Ihr Gepäck deponieren.«

»Gern, ich bin allerdings etwas aus der Übung, Monsieur Trouc.«

Das ZugCafé leerte sich nach und nach in die Gegenrichtung, Gelegenheit für Acheseau, alle nochmals unauffällig zu mustern. Erst als der Bischof sich in Bewegung setzte, fiel den beiden Freunden auf, dass sie die junge Frau unter dem Schutenhut, die auf dem Klappsitz in der Ecke gegenüber dem gräflichen Paar kauerte, völlig übersehen hatten. Lou Louc war allerdings nicht zu sehen. Möglicherweise hatte er einen Toilettengang unternommen und würde die schmutzigen Becher und leeren Flaschen seiner Kundschaft anschließend beseitigen.

Der Sauerland-Express, der »RE 17«, wie seine offizielle Bezeichnung lautete, verlangsamte allmählich seine Fahrt. Das Dunkel der nicht ganz sauberen Fensterscheibe zu Acheseaus Linken erhellte sich unwesentlich, und der Zug kam zum Stehen: Marsberg-Bredelar. Auf dem gegenüberliegenden Bahnsteig hätte es sich vielleicht angenehmer warten lassen als vor und bei ihrem Einstieg, denn im spärlichen Energiesparmodus-Licht einiger altersschwacher Laternen versprach ein gläserner Wartebereich mit Sitzbänken aus feuerverzinktem Drahtgeflecht Schutz vor der Unbill eines Spätjuni-Regens. Einen immensen Würfel aus rot lackiertem Stahlblech mit vier Einbzw. Ausgangsöffnungen hatte der Architekt darüberstülpen lassen. So bot sich im Ansatz die Anmutung einer surrealistischen Garage.

Der Großgewachsene an der Theke hielt einen der drei Treppenbesetzer am Arm zurück. »Und vergessen Sie nicht, das noch zu erledigen, McClean.«

»Gewiss doch, Mr. Ruchard«, drängte es diesen zu versichern. Daraufhin kehrte er wie die anderen dem

ZugCafé den Rücken, um seinen Platz im Nachbarabteil einzunehmen.

Ruchard schlenderte ein paar Schritte hinter ihm her, wandte sich jedoch unvermittelt an den letzten verbliebenen Fahrgast. »Darf ich mich vorstellen? Mein Name ist Ruchard, Richard Ruchard.«

»Was Sie nicht sagen...«

»Weshalb so reserviert? Die Reaktion ist... sehr kühl.«

»Was gibt Ihnen das Recht, mich zu duzen?«

»Bitte?«

»›Sèrecule‹ ist mein Vorname.«

»Ach so...«

»›Acheseau‹ ist mein Nachname.«

»Ich vermute, ich habe somit also das Vergnügen, mit Monsieur Sèrecule Acheseau zu sprechen. Ist das so?«

»Ich habe Sie korrekt informiert, Monsieur.«

»Sehr kühl... äh... angenehm. Ich habe schon eine Menge von Ihnen gehört. Sie haben doch damals den Tod auf der Ruhr aufgeklärt, oder?«

»Mittels meines messerscharfen Verstandes, so darf ich nicht ohne einen gewissen Stolz erklären... ja.«

»Haben Sie keine Befürchtungen, sich irgendwann daran zu schneiden?«

Acheseau beachtete seinen Spott nicht im Geringsten. »Was ist es, das Sie wollen, das ich für Sie tue, Monsieur... äh... Ruchard?«

»Mr. Acheseau, ich bin ein gemachter Mann...« Er rückte das Revers seines auberginefarbenen, seidenen

Modellanzugs minimal zurecht. »Man könnte mich als reich bezeichnen. Sie kennen den Slogan ›Rich-Ruch – der Reißverschluss‹... Sie verstehen? Von ›Richard-Ruchard‹!«

»Ich bevorzuge Knöpfe... und...« Er machte Anstalten, sich umständlich hinter dem Stehtisch hervorzuzwängen. »Wenn Sie mir ein persönliches Wort erlauben... Ich bevorzuge andere Gesichter als das Ihrige, Monsieur Ruchard.«

Mit versteinerter Miene verließ dieser daraufhin die Gefilde.

Der Mann mit der gelben Plastiktüte kam ihm entgegen, durchquerte das ZugCafé und kontrollierte dabei sämtliche klappbaren Aschenbecher und Mülleimer auf Leergut.

Jetzt, da er alleine war, setzte Sèrecule Acheseau sich wieder, nahm Troucs Wochenzeitung vom Tisch auf und blätterte ein wenig darin. Das Ausmaß seines Interesses an den Themen und Problemen der hiesigen Bevölkerung hätte man mühelos aus der Geschwindigkeit schließen können, mit der das Druckerzeugnis wieder beiseite gelegt wurde.

Etwas länger beschäftigte er sich mit einem kleinen metallumrandeten Loch in der Kunststoffverkleidung der ZugCafé-Wand. Wohl einer Eingebung folgend, entnahm er einer reichlich verbeulten Fishermen's Friend-Blechdose einen schwarzen In-Ear-Kopfhörer, der auch schon bessere Zeiten gesehen, ihm aber stets gute Dienste geleistet hatte.

Die kleine Klinke passte perfekt in die Buchse in der Bordwand und eröffnete ihm das Programm des Bordradios, das gerade einen Beitrag ausstrahlte über die Namensgebung von Hoch- und Tiefdruckzonen. 2020 waren die Tiefs wegen der geraden Jahreszahl weiblich und die Hochs männlich.

Die Stimme des Reporters klang selbst etwas erstaunt, als er anzumerken wusste, dass man seit gut zwanzig Jahren Pate einer Wetterlage werden könne. Wenn einer Interessentin oder einem Interessenten dies 240 € für eine Tiefdruckgebiet wert sein sollte bzw. 360 € für eines der selteneren Hochdruckgebiete, so könne man sich vertrauensvoll an das Meteorologische Institut der Freien Universität Berlin als der für die Namensvergabe zuständigen Stelle wenden.

Klar, dass keine Doppelnamen zulässig seien und dass sie standesamtlich zulässig sein müssten.

Sèrecule Acheseau wurde sehr nachdenklich.

Der Fall

Das laute Stöhnen, fast ein Schrei, quoll förmlich in das Dunkel des nachtleeren ZugCafés. Robert Plants Lead-Vocal im Led Zeppelin-Song »Whole Lotta Love« hatte im Vergleich dazu wesentlich klarer und intonatorisch irgendwie reiner geklungen.

Louc hetzte durch die Glastür aus dem Nachbarabteil herein, fand nach einigem zitternden Tasten den Lichtschalter und schaute sich leicht hektisch um.

Einen Atemzug danach eilte ein äußerst erregter Acheseau – aus der Gegenrichtung kommend – die Stufen herunter. »Louc, woher kam der Schrei, der mich geweckt hat?«

»Keine Ahnung. Vielleicht...«

»Wir stehen ja...«

Vergeblich versuchte er, durch die dunkle Scheibe draußen etwas zu erkennen.

»Warum ist der Bahnhof da draußen so still? Mon dieu, meine Kehle fühlt sich trocken an. Ich habe nicht daran gedacht, meine gewohnte Flasche Mineralwassers zu bestellen.«

Erneut zog er seine goldene Uhr zu Rate.

»Gerade dreiundzwanzig Uhr vierzig durch... De l'eau minérale, s'il vous plaît.«

»Bien, Monsieur.« Er verschüttete ein bisschen Wasser, als er vertrauensselig näher trat. »La Dame de Cologne...« Er hatte glatt vergessen zu kassieren.

»Ja?«

»Stellen Sie sich das mal vor! Sie behauptet... behauptet steif und fest... dass ein Mann sie angefasst hat, während sie schlief! Stellen Sie sich das bloß vor, Monsieur. Ich streite mich mit ihr. Ich erkläre, dass es ausgeschlossen ist. Sie besteht darauf. Sie ist aufgewacht, und ein Mann war da. Als wenn es nicht ohnehin genug gäbe, das uns Sorgen macht.«

»Sorgen?«

»Aber ja, Monsieur. Monsieur hat das nicht bemerkt? Der Zug ist vor geringfügig mehr als einer Stunde zum Stehen gekommen. Wir sind in den Elleringhäuser Tunnel gefahren und...«

»Das ist wo genau?«

»Zwischen dem Bahnhof Brilon Wald und dem einstmaligen Halt Olsberg-Elleringhausen.«

»Und aus welchem Grund stehen wir jetzt?«

»Na, sicher nicht, um die Aussicht auf die Bruchhauser Steine zu genießen.«

»Ausgesprochen witzig...«

»Im Ernst: Vor uns versperrt eine Schlamm- und Geröll-Lawine die Weiterfahrt aus dem Tunnel hinaus. Gleiches gilt im Übrigen für die Tunneleinfahrt. Da der Tunnel gekrümmt ist, man also nicht von einem Portal zum anderen sehen kann, war Monsieur Trouc nämlich schon zu Fuß los nachschauen, ob wir rückwärts aus dem Schlamassel herauskämen. Er wusste, dass Sie fragen würden...«

»Ach so?!« Wieder sprach der Franzose es genau wie seinen Namen aus.

»Auch da hat ein Erdrutsch stattgefunden. Annähernd 1400 Meter Tunnel und beide Portale versperrt. Wir können weder vor noch zurück.«

»Weiß man, wie lange das dauern kann, Louc?«

»Monsieur... Solange Sie mich nicht dazu zwingen, zu rohen Generalisierungen und vulgären Vereinfachungen wie einem schlichten, ›ja‹ oder, ›nein‹ Zuflucht zu nehmen, würde ich schon das Äußerste mir Mögliche ausdrücken.«

»Sagen Sie, ›nein‹!«

Er bekam ein denkbar zögerliches ›nein‹ zurück.

»Also, gerade heraus gefragt...«

»Hatten Sie das nicht gerade?«

»Würden Sie meine Überzeugung teilen, dass das dann ja dauern kann?«

»Äh...«

»Ja oder nein? Antworten Sie gerade heraus!«

»Nun, Monsieur, für den Fall, dass Sie mich um eine konkrete Entgegnung bitten, würde ich behaupten, dass – soweit ich sehen kann und wenn ich es im Großen und Ganzen betrachte – es auf der Grundlage des Erfahrungsschatzes eines durchschnittlichen Mitteleuropäers nach einer abschließenden Analyse aller Wahrscheinlichkeiten zutreffend ist zu behaupten, dass es am Ende des Tages höchstwahrscheinlich generell möglich sein wird, ›ja‹ oder ›nein‹ zu sagen... soweit man das absehen kann... zu diesem Zeitpunkt...«

»Ist das ›ja‹ oder ›nein‹?«

»›Ja‹ und ›nein‹.«

»Nehmen wir an, Sie würden zu einer verlässlichen Angabe gezwungen...«

»Unter dieser Voraussetzung würde ich auf Zeit spielen...«

»Ach so.« Da war es wieder.

Acheseau schüttete sich ein Glas ein, trank, zückte anschließend sein Handy, derweil jemand in einem eisblauen Kimono hinter ihm her das ZugCafé durchquerte.

»Mon dieu, kein Empfang.«

»Wie denn auch? Mit knapp 200 Metern Habberg-Gestein über unseren Köpfen.«

Lamentierende Fahrgäste strömten in das ZugCafé. Waltraud Stubbard hörte man deutlich heraus.

»Also wenn mein Sohn wüsste, dass...«

Zabaioni fuhr ihr dazwischen. »Und ich habe dringende Geschäfte in Hagen zu erledigen.« Seine zu lange, rote Krawatte bebte zwischen den offenen Seiten seiner grauen Weste. Ihr Eigentümer musste gähnen.

Wutschnaubend wendete die Kölnerin den Kopf auf der Suche nach einem anderen Zuhörer.

McClean bemühte sich, Frau Stubbard zu besänftigen. »Ich hoffe, dass der Zug die Zeit wieder aufholt.«

Frau Belle mischte sich ein. »Wie lange werden wir hier sein? Weiß das jemand? Sie vielleicht?« Vehement korrigierte sie den Sitz der Cloche über ihrem schmalen Gesicht.

Die angesprochene junge Frau fing augenblicklich an zu weinen. »Dabei wartet doch mein Bruder auf mich. Ich kann ihn nicht verständigen.«

»In diesem Zug weiß keine Menschenseele irgendetwas.« Frau Stubbard klang genervt. »Und niemand versucht, irgendetwas zu tun. Ja, wenn so etwas bei uns in Köln passieren würde... Das Einzige, das in diesem Zug klappt, sind die Türen. Und die schließen dann nicht einmal.« Ob sich ihre krause Stirn jemals wieder glätten würde?

Nach einem lauten Schnäuzen in ihr Taschentuch hatte Frau Paulsson sich wieder gefangen. »Wir müssen wohl ganz einfach abwarten«, hauchte sie. »Es wird sich alles regeln.«

McClean war der erste männliche Fahrgast, der sich äußerte. »Das ist ja gut und schön. Unter Umständen dauert das hier Tage...«

»In welchem Land sind wir hier überhaupt?« Frau Stubbard gab noch keine Ruhe.

Zum ersten Mal war die Stimme des Kirchenmanns zu vernehmen. »Im Sauerland, meine Dame.«

»Oh! Was kann man da schon erwarten? Bloß trinkfestes Westfalenpack.«

Acheseau wandte sich an Frau Belle. »Sie sind die einzig Geduldige, Madame.« Unauffällig verglich er den Grad der Beschädigungen des fadenscheinigen geköperten Baumwollgewebes an ihren beiden Oberschenkeln. Wesentlich mehr als weiße Querfäden war da nicht.

»Was soll man machen?« Die lapidare Erwiderung entsprach ihrem Wesen.

»Ein Philosoph hätte es nicht treffender formulieren können, Madame Belle.« Seine aufmerksamen Augen waren tiefer geglitten und an einem großen Winkelriss hängen geblieben, der ihm eine dreieckige Aussicht auf ihr linkes Knie gönnte, das ein dunkelblaues Wundpflaster zierte.

»Als Friseurin habe ich gelernt, mir unnötige Emotionen zu knicken.«

Trouc führte den Mann mit der gelben Plastiktüte ins ZugCafé. »Pardon, Monsieur Acheseau.«

»Ja?« Er blickte auf.

»Das hier ist Dr. Wilhelm Piepenbrink. Er war mal Tierarzt und...«

»Dr. Piepenbrink, treten Sie näher.« Auf Trouc deutend, fügte er hinzu. »›Seine Freunde sind auch meine Freunde‹, wie man in Elspe sagen würde. Howgh, ich habe gesprochen!«

»Wir benötigen Sie.« Troucs Stimme klang besorgt.

»Es ist doch immer ein schönes Gefühl, gebraucht zu werden. Was ist geschehen?«

»Das mögen Sie wohl fragen. Zuerst dieser Erdrutsch... dieser Aufenthalt. Und jetzt...«

»Und jetzt was?«

»Ein Fahrgast...«

»Ein Fahrgast? Welcher Fahrgast?«

»Ein Amerikaner. Ein Mann namens... namens...« Sein linker Zeigefinger glitt die vor ihm liegende Liste herunter. »Ruchard... Dr. Piepenbrink ist ja der Meinung, dass der Tod...«

Acheseau ließ ihn gar nicht erst ausreden. »Dass der tot ist? Ein Mord??! Womöglich zehn, zwölf Messerstiche...? Folglich war es ganz sicher kein systematisch ausgeführtes Verbrechen.« Er stürzte Hals über Kopf aus dem ZugCafé.

Troucs restlicher Satz verhallte ins Leere. »Dass der Tod zwar jeden von uns erwischt..., Mr. Ruchard hingegen...«

»Wo ist der Gute denn jetzt hingelaufen?« Dr. Piepenbrink war die Neugier selbst. Er rutschte auf den frei gewordenen Sitz in der Fensterecke,

»Eventuell verschwindet er jetzt genauso wie dieser Mr. Ruchard.«

Acheseau kam zurück. »Ich habe alle Mülleimer kontrolliert.«

Obwohl er die Äußerung überhört hatte, wirkte Trouc irgendwie erleichtert. »Gott sei Dank. Da sind Sie ja wieder. Alors, hören Sie zu, mein Freund.«

Acheseau schien empfindlich erregt. »Die Leiche ist spurlos verschwunden.«

»Sie können sich denken, welche Frage mir auf den Nägeln brennt, oder? Wenn jemand, dann wären Sie es, der es schaffen könnte, Licht ins Dunkel zu bringen. Übernehmen Sie die Ermittlungen?«

Unentschlossen neigte sich der Kopf des Angesprochenen in Zeitlupe nach rechts, nach links, nach rechts.

»Nein, nein, weigern Sie sich nicht. Das ist so: Sie lösen das Geheimnis um Mr. Ruchard, und wenn die Briloner Polizei eintrifft, müssen wir nur noch den Verbrecher abliefern!«

»Und angenommen, das Geheimnis stellt sich als zu geheim heraus für mich?« Zögernd nahm er neben dem einstigen Veterinär Platz.

»Ah! mon cher. Das wird nicht geschehen. Dies ist der ideale Fall für Sie. Habe ich Sie nicht oben in meinem Dienstabteil ausführen hören, dass, um einen Fall zu lösen, ein Mann nichts als nachdenken muss? Tun Sie das. Befragen Sie die Fahrgäste im Zug, untersuchen Sie, welche Hinweise es gibt und dann... nun, ich habe Vertrauen in Sie! Gebrauchen Sie die kleinen grauen Zellen..., und schwups! werden Sie im Bilde sein!«

»Ihr Vertrauen rührt mich, mein Freund. Um die Wahrheit zu sagen: das Problem reizt mich. Vor einer halben Stunde noch glaubte ich, viele Stunden Langeweile lägen in der Zeit vor uns, in der wir hier festsitzen. Und jetzt... liegt ein Problem für mich zum Anpacken parat.«

»Dann nehmen Sie an?«

»Naturelement. Sie legen die Sache in meine begehrten Hände.«

»Gut... wir stehen Ihnen alle zu Diensten.«

»Um damit anzufangen, ich benötige einen Plan des RE 17, aus dem hervorgeht, für wen welcher Platz reserviert wurde, und des Weiteren würde ich gern die Personal- und Fahrausweise von allen in Augenschein nehmen.«

»Louc wird das erledigen.«

Auf seinen Wink hin verließ Louc das Abteil, nicht ohne sich vorher mit Zeige- und Mittelfinger der rechten Hand an den Schirm einer nicht vorhandenen Schaffnermütze getippt zu haben.

»Welche anderen Fahrgäste halten sich im Zug auf?«

»In unserer Wagenhälfte hier sind der Doktor und ich die einzigen Reisenden. In der Wagenhälfte auf der anderen Seite des ZugCafés gibt es ausschließlich reservierte Plätze. Oberhalb der Treppe ist noch ein Viererabteil gegenüber der Fahrgasttoilette, nur besetzt von einem älteren Herrn mit einem Gipsarm. Dieser ist Monsieur Louc nur zu gut bekannt. Die Zwischentüren zu den anderen Wagen sind wegen der geschlossenen ZugCafé-Einweihungsgesellschaft verriegelt.«

»In der Konsequenz sieht es so aus, als müssten wir nach unserem Mörder in eben diesem unserem Wagen suchen. Dr. Piepenbrink, das sehen Sie genauso, denke ich.«

Dr. Piepenbrink holte etwas aus. »Um zweiundzwanzig Uhr sechsunddreißig stoppte uns der Erdrutsch.«

Acheseau hakte ein. »Seitdem kann kein Einziger aus dem Zug gestiegen sein?«

»Nachdem ich von meinem Erkundungsgang von der Tunneleinfahrt zurück war, habe ich die Außentüren verriegelt. Der Mörder ist in diesem Augenblick... bei uns im Waggon«, verkündete Monsieur Trouc mit zitternder Stimme.

»Das kann kein Mensch ernstlich bestreiten wollen.« Der Franzose schien sich sicher, denn er musste dreimal niesen.

Victor McClean

»Zu allererst würde ich nach Möglichkeit das eine oder andere Wort mit Ihnen, Monsieur McClean, verwechseln.«

Louc kehrte gerade mit je einem Bündel Ausweispapiere und Fahrkarten zurück. Der Bahn-Offizielle nahm sie ihm ab und löste die Gummibänder, die die Dokumente beisammen hielten.

»Danke, Louc. Ich finde, es wäre jetzt am besten, wenn Sie solange in meinem Dienstabteil warten. Wir werden Ihre Aussage nachher aufnehmen.«

»Bien sûr, Monsieur.« Und weg war er.

»Bereiten Sie sich auf einen Schock vor, Monsieur McClean. Es hat den Anschein, als ob Ihr Arbeitgeber, Monsieur Ruchard, tot wäre!«

Die Information löste kaum Irritation aus. »Das heißt nur, dass sie ihn letztendlich erwischt haben.«

»Was genau meinen Sie mit dem Satz, Monsieur McClean?«

Victor McClean zögerte.

»Sie nehmen an, dass Monsieur Ruchard ermordet wurde? Tja, Ihre Vermutung ist durchaus richtig. Mr. Ruchard wurde getötet, erstochen. Und nun wüsste ich liebend gern, warum Sie so sicher waren, dass es Mord war und kein natürlicher... Tod.«

»Eins muss ich zunächst klarstellen. Wer genau sind Sie?« Sein linkes Augenlid zuckte kaum merklich hinter der Hornbrille. »Und welche Rolle spielen Sie in dem Fall?«

»Ich vertrete die hiesige Bahngesellschaft... Ich bin Privatdetektiv. Mein Name ist Sèrecule Acheseau.«

»Ach so...«

»So sagte ich.«

»Und?« McClean wartete darauf, dass sein Gegenüber weiterredete.

»Der Name sagt Ihnen bestimmt etwas: Sèrecule Acheseau.«

»Ja, er kommt mir bekannt vor... ich habe nur bislang geglaubt, das wäre ein Erfrischungsgetränk.«

»Es ist unglaublich!« Mit Abscheu musterte Acheseau den jungen Mann in dem etwas zu weiten Anzug.

»Was ist unglaublich?«

»Nichts. Lassen Sie uns die Angelegenheit vorantreiben. Ich möchte, dass Sie mir alles berichten, Monsieur McClean, alles, was Sie über den Toten wissen. Sie standen in keinem Verwandtschaftsverhältnis?«

»Nein. Ich bin... war... sein Sekretär.«

»Wie lange haben Sie diese Position bekleidet?«

»Einen Tick länger als ein halbes Jahr.«

»Und was exakt waren Ihre Aufgaben?«

»Wir reisten umher. Mr. Ruchard wünschte, die Nordhälfte der Bundesrepublik kennen zu lernen. Er war gehandikapt, weil er kein Wort Plattdeutsch verstand. Ich war eher sein Dolmetscher als sein Sekretär, zumindest hier in Westfalen. Sie können sich vorstellen, dass das ein angenehmes Leben war, woll?«

»Als Amerikaner sprechen Sie Plattdeutsch?«

»Meine Vorfahren kommen aus Neheim-Hüsten.«

»Ach so... Jetzt sprechen wir aber über Ihren Chef. Erzählen Sie!«

McClean zuckte mit den Schultern. »Das ist nicht so leicht.«

»Wie lautete sein vollständiger Name?«

»Richard Roger Ruchard.«

»Er war ebenfalls Amerikaner, n'est-ce pas?«

»Soweit ich Einblick habe... Ich meine allerdings, er verließ Amerika, um vor jemandem oder etwas sicher zu sein.«

»Da war wohl der Vater der Wunsch des Gedankens...«

»Wie bitte? Na ja, jedenfalls ist ihm das gelungen.. bis vor einigen Wochen... Als er mit einem Mal Mails erhielt...«

»Ah, Drohmails...« Selbstsicherheit blitzte aus seinen Augen. »Haben Sie sie gesehen?«

»Ja. Es war meine Aufgabe, mich um seine Korrespondenz zu kümmern. Die erste Mail kam vor drei Wochen.«

»Wurden diese Mails gelöscht?«

»Nein, ich glaube, ich habe sogar noch zwei Ausdrucke in meiner Brieftasche... Von einem dritten weiß ich, dass Ruchard ihn vor Wut zerriss. Soll ich sie Ihnen zeigen?«

»Wenn Sie so gut sein wollen.«

McCleans Hand fuhr bedächtig an der linken Kragenspitze seines hellgelben Polohemds vorbei, griff in die Innentasche seines Jacketts und holte seine Brieftasche heraus. Sie war leer. Die Nadelstreifen seines Zweireihers hatten für einen Moment Mühe, ihre Parallelität zu bewahren.

»Ist nicht so tragisch.« Acheseau winkte ab. »So was trägt nie eine Unterschrift. Und solche Mails werden in der Regel nicht einzig und allein von einer Person geschrieben, Monsieur McClean. Zwei oder mehr Leute verfassen sie... tippen zur Verschleierung immer einen Großbuchstaben im Wechsel... Sagen Sie, wie verhielt er sich, als er die erste Mail las?«

»Er... er... ging in seinem ausgeglichenen Wesen mit einem Lachen darüber hinweg. Aber irgendwie... habe ich gefühlt, dass unter der ruhigen Oberfläche so einiges brodelte.«

»Hat er deshalb nicht mehr geraucht als sonst?«

»Monsieur Ruchard war Nichtraucher.«

»Danke, Monsieur McClean. Jetzt mal Butter auf die Fische... Wann haben Sie Monsieur Ruchard zuletzt lebendig gesehen?«

»Gestern Abend gegen... elf Uhr, würde ich meinen. Ich begab mich zu seinem Platz, um ihm Mitteilung von einer Mail zu machen, die ich für ihn verfasst hatte.«

»Worum ging es darin?«

»Um eine Reihe alter Stickbilder, die er in Hessen gekauft hatte. Was geliefert wurde, war ziemlich verschmutzt... Es gibt eine umfangreiche, ärgerliche Korrespondenz in der Sache. Und wer durfte die Dinger saubermachen...? Ich natürlich, woll?«

»Ja, eben... Monsieur Mc... Clean. Das ist zurzeit alles. Danke.«

Eine Hypothese und ein Experiment

»Zwei Leute.« Acheseau murmelte mehr vor sich hin, als dass er sich an seine Gegenüber gewandt hätte. Sie hatten die Plätze getauscht, so dass er den Blick durch die Glasscheibe ins Nachbarabteil zu lenken vermochte. »Womöglich waren es auch zwei... Angenommen, dass das Licht ausgeschaltet war... Eh bien... Dann hätten wir hier die ›Hypothese des Ersten und des Zweiten Mörders‹, wie der große Shakespeare es formuliert hätte. Der Erste Mörder ersticht sein Opfer, schaltet die Taschenlampe aus und setzt sich wieder auf seinen Platz. Der Zweite Mörder tritt im Dunkeln heran, sieht nicht, dass ihre oder seine Arbeit bereits getan wurde und sticht noch mindestens ein paar Mal auf den Toten ein.« Er blickte auf. »Wie finden Sie das?«

»Großartig.« Dr. Piepenbrink war begeistert.

»Ja? Da bin ich aber froh. Mir erschien es wie der blanke Unsinn.«

»Gibt es eine andere Auslegung?«

»Die Angelegenheit fängt an, sich auf wundersame Weise von selbst aufzuklären... Und das Opfer... was macht das Opfer? Wehrt es sich? Schreit es vor Entsetzen?«

Seine Hand glitt in sein Jackett-Inneres und zog eine automatische Pistole hervor.

»Durchgeladen, schauen Sie, Doktor. Die lag unter Ruchards Sitz. Lassen Sie mal sehen, Trouc, was wir sonst noch gefunden haben!«

»Die falschen Zähne in einem Glas mit Wasser habe ich mir erlaubt, stehen zu lassen.« Er stellte eine schlammfarbene Reisetasche auf den Tisch und fasste hinein. »Außerdem waren da noch dieses leere Glas, ein verkohlter Papierfetzen, ebenso zwei abge...«

Der seinerzeitige Tierarzt packte das leere Glas und roch daran. »Eine Form von Betäubungsmittel, wenn man so will...«

Acheseau zog ein überdimensionales Stoffquadrat aus der Tasche heraus. »Auf jeden Fall ist jemand in die Angelegenheit verstrickt...«

»Ach was?!« Dr. Piepenbrink zog eine Grimasse.

Der Detektiv ließ sich nicht beirren. »Jemand, der Stofftaschentücher benutzt. Und zuvorkommender Weise hinterlässt er eines davon! Genau wie es in Büchern oder im Film vonstattengeht... und um uns die Dinge noch zu vereinfachen, ist es mit einem Digital gekennzeichnet.«

»›Initial‹, so viel Latein kann ich noch...«, berichtigte ihn der einstmalige Tierarzt. »Was für eine glückliche Fügung für uns!«

»Ja, nicht?«

Etwas in seinem Ton überraschte Dr. Piepenbrink. Acheseau tauchte nochmals in die Tasche hinab. Dieses Mal hielt er einen Pfeifenreiniger in der Hand.

»Der gehörte vielleicht Mr. Ruchard?«

»Nur dass Mr. Ruchard nicht rauchte, Doktor, wie uns soeben mitgeteilt wurde!«

»Also ist es ein Indiz.«

»Ja, klar. Und wieder denkbar zuvorkommend fallen gelassen. Ein männliches Indiz dieses Mal, wie Sie feststellen!« Seine linke Hand verscheuchte geistesabwesend eine Fliege, die sich auf seinem rechten Ärmel niederzulassen anschickte. »Man kann sich nicht über einen Mangel an Indizien beklagen. So nebenbei, wo haben Sie die Tatwaffe deponiert?«

»Es gibt kein Anzeichen irgendeiner Tatwaffe. Der Mörder muss sie mitgenommen haben.«

»Ach so...« Er griff erneut in die Tasche. »Die reinste Wundertüte: eine Taschenuhr. Sehen Sie? Das Gehäuse ist stark verbeult, und die Zeiger weisen auf halb zwölf.«

»Das zeigt uns die Tatzeit.« Dieses Mal war es an dem Dritten im Bunde zu mutmaßen. Er bekam Recht.

»Sie stimmt mit meinen Berechnungen überein, obwohl es schwierig ist, in solchen Dingen exakt zu sein. Eh bien, hier ist die Bestätigung: dreiundzwanzig Uhr dreißig. Das ist die Tatzeit.«

Acheseau seufzte, beugte sich vor und untersuchte den verkohlten Papierrest.

»Was ich jetzt benötige, ist so etwas wie ein Netz aus Metall.« Die Gesichtshaut oberhalb der buschigen Augenbrauen ähnelte einem Waschbrett, aber nicht lange. »Ja, das wird funktionieren...«

Er öffnete die Tür zum Gang und rief nach dem Kontrolleur und Kellner. Der kam geradewegs angerannt, dienstbeflissen wie stets.

»Besorgen Sie mir... warten Sie... ja, zwei Teesiebe. Sie müssen freilich aus Metall sein und von unterschiedlichem Durchmesser.«

»Das wird kein Problem sein, Monsieur. Ich hole sie Ihnen.«

»Machen Sie schnell.«

Mit wenigen Schritten war Louc am Tresen. Er kehrte mit den zwei Siebchen zurück und erntete Lob von höchster Stelle.

»Ah, genau, die brauchen wir. Und gleich benötige ich noch Ihre Gebäckzange. Das ist doch eine, oder, deren zwei Grifffösen da unter dem Deckel des Kunststoffbehälters auf dem Tresen hervorlugen, Louc?« Er musste schmunzeln ob der Klanganalogie. »Sehen Sie, mein lieber Doktor, ich bin niemand, der wie ein Kriminaltechniker vorgeht. Es ist die Psychologie, nach der ich suche, nicht DNA-Spuren oder Zigarrenasche.«

Die Fliege kam nachschauen, ob er es sich anders überlegt hätte. Die rechte Hand belehrte sie eines Besseren.

»In diesem Fall jedoch hätte ich nach Möglichkeit schon gern etwas wissenschaftliche Unterstützung. Die benachbarte Wagenhälfte ist voller Indizien, aber kann ich sicher sein, dass diese Indizien wirklich das sind, was sie zu sein scheinen?«

»Ich verstehe Sie nicht ganz, Monsieur Acheseau. Was versprechen Sie sich von den Sieben?« Der Doktor war irritiert, nichtsdestoweniger: Sein Wissensdurst musste warten.

»Ah! Dazu komme ich gleich. Diese Indizien, die Uhr, die auf dreiundzwanzig Uhr dreißig steht, das Taschentuch, der Pfeifenreiniger, sie mögen echt sein, sie mögen gefälscht sein. Das vermag ich noch nicht zu sagen.«

Auch der dritte Landeversuch des Insekts mit den großen roten Augen schlug fehl.

»Ja, ja, die können schon nerven!« Dr. Piepenbrink kannte sich aus.

»Wer oder was jetzt? Die Indizien?«

»Nein, unsere ›Großen Stubenfliegen‹, lateinisch ›Musca domestica‹. Vormittags sind sie normalerweise, ja eigentlich prinzipiell im Stall. Spät nachmittags oder abends erkunden sie gerne die Umgebung. Manche nutzen dazu sogar den öffentlichen Personen-Nahverkehr. Aber dem Exemplar hier geht es wie uns: Sie kann ihren Aufenthaltsort nicht frei wählen.«

Bernard Trouc mischte sich ein. »So lassen Sie uns doch zum Fall zurückkommen.«

Acheseau nickte bestätigend und griff seinen Gedanken auf. »Es gibt hier freilich ein Indiz, von dem ich glaube, obwohl ich mich irren mag, dass es nicht gefälscht wurde. Ich meine diesen Papierschnipsel. Es wurde probiert, ein irgendwie belastendes Papier zu verbrennen. Falls dem so ist, dann steckt ein Hinweis in jener Notiz, der einen möglichen Rückschluss auf den Täter zulässt. Ich werde versuchen, zu rekonstruieren, was dieses Etwas war.«

Sprach's und rannte aus dem Abteil, um nach kaum einer Minute mit einem altersschwachen, leicht angerosteten Spirituskocher zurückzukehren. Die Erläuterung war schnell gegeben.

»Den verwende ich für den Schnurrbart und den hier zum Schmelzen von Bartwachs.« Mit einem silbernen Gasfeuerzeug mit Monogramm zündete er ihn an.

Der Ex-Tierarzt beobachtete ihn ungewöhnlich aufmerksam. Acheseau begutachtete die zwei Drahtgeflechte, wickelte mit gehöriger Sorgfalt den verkohlten Papierfetzen auseinander und legte ihn auf die nach oben weisende Unterseite des Geflechts mit dem geringeren Durchmesser. Er stülpte das größere darüber, presste die zwei Teile mit der Gebäckzange zusammen und hielt das Ganze über die Flamme des Spirituskochers.

»Es ist schon auffallend behelfsmäßig, Doktor«, entschuldigte er sich.

»Und das Anschröggeln bringt was?«

»Wollen wir hoffen, dass es seinen Zweck erfüllt.«

Das Metall machte sich daran zu glühen. Plötzlich wurden dezente Andeutungen von Buchstaben sichtbar. Langsam bildete sich ein Wort... ein Wort aus Feuer. Es war ein sehr kleiner Fetzen. Nur ein Wort zeigte sich.

Acheseaus Lippen formten das Gesehene in Sprache um, zunächst andächtig buchstabierend. »›M‹– ›O‹– ›R‹– ›D‹«, dann noch einmal mit einem scharfen Ausruf. »Ah! ›Mord‹.«

»Es sagt Ihnen etwas?«

»Ja, Dr. Piepenbrink, ja, das tut es.« Seine Augen leuchteten, als er die Zange liebevoll hinlegte und die Spuren seiner Aktion systematisch beseitigte. »Ich kenne den richtigen Namen des Toten. Ich weiß, weshalb er Amerika verlassen musste.«

»Wer ist es?« Der Bahn-Offizielle wurde unruhig.

Auch der Mediziner war gespannt wie ein Flitzebogen. »Ja, wer ist es?«

Nach einem Seitenblick auf Louc, der am Tresen den fachgerechten Umgang mit einem Korkenzieher übte, flüsterte Acheseau Dr. Piepenbrink etwas ins Ohr.

Ungläubig starrte der ihn an. »Nein!«

»Doch!«, versicherte dieser ihm.

»Nee, ne?«

Nach einem weiteren, nur flüchtigen Seitenblick auf Louc flüsterte Acheseau Trouc ebenso etwas ins Ohr.

»Ich mag gar nicht daran denken. Ah! Quel animal! Ich kann seinen Tod nicht bedauern... nicht im Geringsten!«

»Ich stimme Ihnen zu.« Die Freunde waren sich einig.

»Tout de même, es wäre nicht nötig gewesen, ihn im Sauerland-Express umzubringen. Es gibt ja wohl andere Orte.«

Acheseau wiegte den Schädel hin und her. »Vorausgesetzt, dass ich Recht habe mit meiner Annahme, dann hat der Mörder das Papier verbrannt. Warum? Was war der Grund...? Weil im Text das Wort ›MORD‹ vorkam, das der Schlüssel zu dem Geheimnis ist.«

Der vierte Landeversuch der großen Stubenfliege endete tödlich für sie.

Lou Louc

Im ZugCafé war alles vorbereitet. Acheseau, Monsieur Trouc und der Tierarzt-Rentier standen an ihrem gewohnten Tisch in der Ecke. An der Wand über ersterem hing mittlerweile ein Plan des gesamten Wagens, in den die Namen der Reisenden eingetragen wurden. Zusammen gesessen hatten dem zufolge: Victor McClean und Cori van Nebben-Aan, Waltraud Stubbard und Britta Paulsson, Ringo Zabaioni und Maximilian Mustermann, Graf und Gräfin Nie, Baronin Brundula von Brause und Frau Belle, Bischof Berdochnoch und Cyriac D. Partmann. Richard Ruchard hatte alleine gesessen.

Die Personal- und Fahrausweise waren auf der einen Tischseite gestapelt. Notizheft und Kugelschreiber warteten auf der anderen.

Nach einem prüfenden Blick gab der Franzose seiner Zufriedenheit Ausdruck. »Ausgezeichnet! Wir können unsere Untersuchung ohne weitere Verzögerung eröffnen. Zuerst, meine ich, sollten wir die Aussage des Kontrolleurs und Kellners aufnehmen.«

Monsieur Trouc verlor keine Zeit, Louc hereinzurufen. Dieser war um sofortige Klarstellung bemüht.

»Schrecklich, was vorgefallen ist. Ich hoffe, Monsieur denkt nicht, dass ich in irgendeiner Weise damit zu tun habe?«

»Jeder in diesem Teil des Zugs wird vernommen. Routine-Vorgehen.« Acheseau beabsichtigte, wenig

Aufhebens zu machen. »Eh bien, Monsieur Louc, wo waren Sie um dreiundzwanzig Uhr dreißig?«

»Ich, Monsieur? Ich war auf meinem mickrig kleinen Sitz am Gang-Ende... dem Einzelplatz gegenüber dem ersten Doppelsitz... mit Blick auf eben den Gang.«

»Sie sind sicher?«

»Mais oui... wenigstens...«

»Ja?« Seine Augen blitzten lauernd.

»Ich bin offensichtlich mal kurzzeitig eingenickt...« Louc wurde unbeschreiblich blass um die Nase herum. Dieser Fauxpas war ihm offensichtlich peinlich. »Ich kann es nicht präzise sagen.«

»Beobachteten Sie irgendeinen der Reisenden den Gang hinauf- oder hinuntergehen?«

»Eine der Damen schlenderte, wenn ich mich recht erinnere, zur Toilette am anderen Ende.«

»Welche Dame?«

»Ich weiß es nicht, Monsieur. Die Toilette liegt am vollkommen anderen Ende des Wagens, durch das ZugCafé durch und die Stufen hoch, also Richtung Dienstabteil, und die Dame kehrte mir den Rücken zu.« Er nickte vehement zur Bekräftigung. »Sie trug einen eisblauen Kimono mit einem Pinguin darauf«, fügte er noch hastig hinzu.

Bernard Trouc schüttelte verständnislos den Kopf. »Die Toilette ist grundsätzlich abgeschlossen. Sie hätte die Möglichkeit gehabt, das andere WC, das Fahrgast-WC, hinter Ihnen die Treppe hoch aufzusuchen...«

»Kommen wir zu etwas anderem.« Acheseau machte einen unzufriedenen Eindruck. »Angenommen, ein

Attentäter hätte gestern Abend den Zug bestiegen. Es ist ziemlich sicher, dass er nach der Tat nicht hätte aus dem Zug steigen können, n'est-ce pas?«

Louc nickte bestätigend.

»Noch dass er sich irgendwo versteckt halten könnte?«

Monsieur Trouc mischte sich ein. »Im Zug ist doch alles von Ihnen gründlich abgesucht worden. Die Idee lassen Sie besser fallen, mein Freund.«

»Wann war der letzte Halt?« Acheseau ließ nicht locker.

Louc musste nicht lange überlegen. »Brilon Wald.«

Acheseau bohrte nach. »Um welche Uhrzeit war das?«

»Wir hätten um zweiundzwanzig Uhr zwanzig dort abfahren sollen. Bedingt durch die verzögerte Abfahrt in Warburg hatten wir aber noch eine Verspätung von mehreren Minuten.«

»Sind Sie in Brilon Wald aus dem Zug gestiegen?« Sein Blick bekam etwas Lauerndes.

»Ja, Monsieur. Ich stieg hinaus auf den Bahnsteig und hielt mich an der automatischen Ausgangstreppe auf... Monsieur gibt mir die Schuld?« Er begann zu zittern.

»Sie zittern ja wie Erbsenlaub... Sie hätten wohl die Gelegenheit gehabt, mein Freund.« Mit einem ungeduldigen Wink der rechten Hand war der Kontrolleur und Kellner fürs erste entlassen. »Ich bin der Ansicht, es wäre das Beste, wenn wir ein weiteres Wort mit Monsieur McClean verwechseln würden, angesichts dessen, wovon wir mittlerweile Kenntnis haben.«

Noch einmal der Sekretär

»Nun, wie geht es voran?« McClean machte auf locker. Er fand wohl, das passe zur Passform seines Nadelstreifenanzugs.

Acheseau schien seine Zufriedenheit nicht verbergen zu wollen. »Nicht allzu schlecht. Seit unserer letzten Unterhaltung habe ich etwas Interessantes herausgefunden... Monsieur Ruchards Identität«.

McClean beugte sich gespannt vor. »Echt jetzt?«

Acheseau beugte sich zu ihm, flüsterte etwas in sein Ohr, um danach aufs Neue die Distanz herzustellen. »Der Name Ruchard, wie Sie vermutet haben mögen, war lediglich eine Tarnung.«

»Die verdammte Stinksocke!«

»Sie hatten davon absolut keine Ahnung, Monsieur McClean?«

»Nein, Mister. Hätte ich sie gehabt, hätte ich mir lieber... mir lieber...«

»Hätte, hätte, Fahrradklingel... Und wenn Sie es unversehens mit der Angst zu tun bekommen hätten..., gewissermaßen den Hut vor der eigenen Garage verloren hätten?«

»Hätte ich ums Verrecken nicht!«

»Sie reagieren unüberhörbar emotional auf die Geschehnisse, Monsieur McClean?« Je aufgeregter sein Gegenüber wurde, desto gelassener gab er sich.

»Tu ich auch.« Ruchards Sekretär machte kein Hehl aus seiner Gefühlswelt. »Ich... Sieht so aus, als würde ich mich selbst belasten, woll?« Er neigte den Kopf, so dass ihm ein Teil seines Wuschelschopfes über die Augen fiel.

Acheseau legte ihm begütigend die Hand auf den linken Unterarm. »Ich würde Sie eher verdächtigen, Monsieur McClean, sofern Sie eine unangemessene Trauer über das Ableben Ihres Arbeitgebers an den Tag legen würden.«

Eine Nuance ruhiger entgegnete McClean. »Ich glaube nicht, dass ich das könnte.« Er traute sich, den Wuschelkopf wieder anzuheben. »Ich will nicht unziemlich neugierig sein, wie bloß sind Sie darauf gekommen? Seine Identität, meine ich.«

Die Erläuterung folgte auf dem Fuße. Sie wurde nicht ohne Stolz vorgetragen. »Durch einen Papierfetzen, der an seinem Platz gefunden wurde.«

»Aber... ich meine... das ist sicher recht unvorsichtig von dem Alten gewesen, woll?« Die Nervosität war zurück.

»Das kommt auf den Standpunkt an. Alors, Monsieur McClean, ich möchte, dass Sie jede Ihrer Bewegungen der letzten Nacht schildern.«

»Das ist nicht schwer. Ich zog mich auf meinen Platz zurück, um zu lesen. Ich unterhielt mich eine Weile mit einer jungen Niederländerin, die mir gegenüber sitzt. Im Verlauf des Abends wurde ich in eine Unterhaltung mit diesem Bischof Berdochnoch, verwickelt... Sind Sie nicht noch an uns vorbeigegangen, während wir uns unterhielten? Anschließend meldete ich mich bei Mr. Ruchard und, wie ich bereits sagte, setzte ihn bezüglich einer Mail ins Bild, die ich für ihn aufgesetzt hatte. Als ich mich von ihm entfernte, befand sich Bischof Berdochnoch immer noch auf dem Gang.«

»Wissen Sie, wie spät es da war?«

»Ging auf halb zwölf zu, möchte ich sprechen. Ziemlich spät, woll?«

»Ihnen fiel auf, dass der Zug angehalten hatte?«

»Oh, ja. Wir fragten uns warum, blickten hinaus, konnten nichts sehen in der Dunkelheit...« Wie um diese Darstellung zu untermalen, wanderte sein Blick Richtung Fenster. Er beschattete seine Augen mit der Hand, um eventuell dieses Mal etwas zu erspähen. »Allerdings glaubten wir nicht, dass es besorgniserregend wäre.«

Acheseau ließ sich nicht aus der Ruhe bringen. »Was tat sich, als Bischof Berdochnoch schließlich ›adieu‹ sagte?«

»Er kehrte zu seinem Platz zurück.«

»Und Sie?«

»Ich?«

»Nein, Sie! Konzentrieren Sie sich gefälligst.«

»Ich schlief bis heute Morgen.«

»Ich möchte, dass Sie mir mitteilen, falls es geht, ob irgendjemand den Gang entlang ging, nachdem der Zug in Brilon Wald abgefahren war, bis zu dem Zeitpunkt, als Sie einander eine gute Nacht wünschten.«

McClean überlegte nicht lange. »Ich glaube, der Kontrolleur dackelte einmal aus Richtung ZugCafé dort entlang. Und eine Frau spazierte in die andere Richtung, in Richtung ZugCafé.«

Acheseau beeilte sich nachzuhaken. »Welche Frau?«

»Könnte ich nicht sagen.« McClean blieb regungslos. »Ich habe sie nicht richtig beachtet. Sehen Sie, ich stritt mich in dem Moment mit Berdochnoch über einen Punkt. Ich scheine mich gerade mal an einen flüchtigen Blick auf ein eisblaues, seidenes Etwas zu erinnern, das die Glastür passierte. Ich habe nicht genau hingeguckt.«

»Und sahen Sie sie zurückkommen?«

»Nun, nein, jetzt wo Sie es erwähnen, ich sah sie nicht zurückkommen.«

»Noch eine Frage.« Der Detektiv wechselte abrupt das Thema. »Sind Sie Pfeifenraucher, Monsieur McClean?«

McClean schüttelte den Kopf. »Nein, Mister, bin ich nicht.«

»Ich nehme an, das wär's für den Augenblick. Danke, Monsieur McClean. Ich würde jetzt gern die rechte Hand von Monsieur Ruchard sehen.«

Dr. Piepenbrink konnte sich ein breites Grinsen nicht verkneifen. »Dazu müssten wir Monsieur Ruchard zunächst mal in seiner kompletten Schönheit zu sehen bekommen, Monsieur Acheseau.«

Für den Bruchteil einer Minute machte sich Irritation breit. »Ach so... wie jetzt?«

»Scherz!« Der ehemalige Veterinär winkte ab, grinste aber immer noch.

Maximilian Mustermann

»Monsieur Mustermann, Sie haben mitbekommen, dass Ihr Brötchengeber ermordet wurde?«

»Ja, der Herr. Eine beinahe unerträglich schockierende Begebenheit.« Er hob dankend, doch ablehnend die Hand, als man ihm bedeutete, sich auf einem der drei Klappsitze niederzulassen.

»Würden Sie mir jetzt bitte erklären, um welche Uhrzeit Sie Monsieur Ruchard zuletzt sahen?«

Mustermann lieferte umgehend die gewünschte Auskunft. »Es muss gegen zweiundzwanzig Uhr fünfzig gewesen sein, der Herr, gestern Abend. Da oder eine Weile danach.«

»Schildern Sie in Ihren eigenen Worten gewissenhaft, was sich abspielte. War sein Verhalten wie gewohnt?«

»Nun, der Herr, ich vermute, er war aufgebracht.« Genau wie seine mit reichlich Haarspray in Form gehaltenen, halblangen Haare war Mustermann die Ruhe selbst.

»Inwiefern... aufgebracht?«

»Über eine Mail, die er gelesen hatte. Er fragte mich, ob ich es war, der ihm den Ausdruck auf seinen Sitz gelegt hatte. Selbstredend sagte ich ihm, ich hätte nichts Derartiges getan.«

»Hat Ihr Herr jemals Schlafmittel genommen?«

Dr. Piepenbrink lehnte sich etwas vor.

»Immer wenn er mit dem Zug reiste, der Herr.« Maximilian Mustermann verzog keine Miene. »Er behauptete, er könne sonst nicht schlafen.«

»Nahm er es gestern Abend ein?«

»Ja, der Herr. Ich füllte es in ein Glas und stellte dieses auf die Ablage am Fenster in seine Reichweite.«

»Welche Art Schlafmittel ist es für gewöhnlich?«

»Ein Single Malt, der Herr. Zwölf Jahre alt.«

Dr. Piepenbrink drehte den Oberkörper, lehnte sich leicht zu Trouc und wisperte. »Nie im Leben. Das Glas roch mir ohne Frage nach einem ausgesprochen billigen Blend.«

Acheseau ignorierte die beiden: »Was geschah als Nächstes?«

Auch Mustermann ruhte in sich selbst. »Ich fragte, ob noch etwas anliege, und erkundigte mich, wie spät Monsieur Ruchard geweckt zu werden wünsche. Er erklärte, er wolle bis zum Läuten seines Weckers nicht gestört werden.«

»So dass Sie nicht besorgt waren, dass die planmäßige Ankunftszeit verstrich und Sie nicht gerufen wurden?«

»Ja, der Herr.«

»Wissen Sie, ob Ihr Herr Feinde hatte?«

»Ja, der Herr.« Den grauhaarigen Diener konnte augenscheinlich keine Frage erschüttern.

»Woher wissen Sie das?«

»Ich hörte, wie er über einige Mails sprach... mit Mr. McClean.« Die Äußerung hörte sich plausibel an.

»Waren Sie je in Amerika?«

Abermals so ein Themenwechsel, aber den Diener konnte offenbar keine Frage aus der Fassung bringen. Genauso wenig konnte sein Kopfschütteln der ordentlichen Frisur etwas anhaben. Es war aber auch nicht wirklich heftig. »Nein, der Herr.«

»Was taten Sie, nachdem Sie Ihren Herrn alleingelassen hatten?«

»Ich teilte Mr. McClean mit, dass unser Herr ihn zu sehen wünschte. Zuletzt setzte ich mich auf meinen eigenen Platz und las.«

»Was, wenn ich mich erkundigen darf?«

»In einem internationalen Backbuch.« Zum ersten Mal trat eine Regung in sein Gesichtszüge, und was für eine! »Ich liebe alles, was sich lange genug in einem Backofen aufgehalten hat!«

Der Detektiv schüttelte den Kopf. »Wenn ich Zeit zum Lesen finde, muss es etwas Fantasievolles sein. Ich mag vor allem die Geschichten um den Zauberinternat-Schüler Larry Dotter, der wie ich Langschläfer ist. Daher finde ich, ist der beste Band der Reihe ›Larry Dotter und der Jammer des Weckens‹«.

Mustermann war keinerlei Regung anzusehen. Er schwelgte gedanklich anscheinend noch in Backwaren.

»Es gibt noch mehr Reisende in der Wagenhälfte, n'est-ce pas?« Acheseau besann sich auf seinen Auftrag.

»Ja, der Herr.« Er hatte sich kurzzeitig wieder im Griff. »Zum Beispiel einen großen Italiener... Mmh, Pizza...!«

Es gab noch andere offene Punkte. »Spricht er Deutsch?«

Mustermann schluckte das Wasser, das ihm bei dem Gedanken an italienische Köstlichkeiten im Mund zusammengelaufen war, eilig hinunter. Sein Kehlkopf machte die Bewegung mit, und da sein Eigentümer kaum mehr als ein Strich im Gelände war, verhinderten einzig und allein Fliege und Oberhemd, dass es denkbar gewesen wäre, den weiteren Verlauf des Geschluckten zu verfolgen.

»Nun, eine Art Deutsch, der Herr. Er war jahrelang in Amerika... Chicago... wie ich hörte.«

»Sprechen Sie viel miteinander?«

»Nein, der Herr. Ich ziehe es vor zu lesen.«

Ausnahmsweise machte Acheseau sich eine Notiz.

»Nun, lassen Sie uns weitermachen. Sie kehrten zu Ihrem Platz zurück und lasen bis... wann?«

»Das habe ich mir nicht gemerkt. Irgendwann bin ich eingeschlafen.«

»Wieso schliefen Sie nicht sofort?«

»Ich hatte Leibschmerzen, der Herr.«

Das Mitgefühl des Detektivs war ihm sicher. »Oh, là, là... das ist schmerzhaft... Doch hoffentlich nicht wegen einer Pizza?«

Mustermann schien mit solcher Anteilnahme nicht gerechnet zu haben. »Nein, nein, aber ungeheuer schmerzhaft, der Herr.«

»Und Ihr Kompagnon?«

»Der Italiener? Oh, er schnarchte nur.«

»Er entfernte sich nicht von seinem Platz im Verlauf der Nacht?« Acheseaus Augen verengten sich zu schmalen Schlitzen.

Die Antwort kam postwendend. »Nein, der Herr.«

»Und Sie?«

»Nein, der Herr.«

»Hörten Sie irgendetwas im Verlauf der Nacht?«

»Ich denke, nein, der Herr. Nichts Ungewöhnliches, meine ich. Da der Zug zum Stehen gekommen war, war es überall unsagbar still.«

»Danke, Monsieur Mustermann. Nebenbei bemerkt, rauchen Sie Pfeife?«

»Nur einmal im Jahr, der Herr, wenn es frische Weckmänner gibt.«

Dieses Mal weiteten sich die Augen des Fragenden. »Frische was? Wen wecken die denn?«

Mit der Geduld eines englischen Butlers erläuterte Mustermann den Begriff. »Stutenkerle meine ich. Die mit den Pfeifen aus weißem Ton.«

Acheseau wirkte zum zweiten Mal indigniert. »Sie wollen mir mit Ihrem Wissen wohl imprägnieren... Danke. Das genügt.«

Der Diener mochte sich, schien es, noch nicht zum Gehen wenden. »Sie werden es mir nachsehen, der Herr, aber die ältere Lady aus Köln ist, wie soll ich es beschreiben, fuchsteufelswild. Besser kann ich es nicht beschreiben. Sie beteuert unentwegt, dass sie alles über den Mord weiß. Sie ist in einer in hohem Maße gereizten Verfassung, der Herr.«

»Unter dieser Voraussetzung«, lenkte Acheseau ein, »tun wir wohl gut daran, sie als Nächstes zu sprechen.«

»Soll ich ihr das ausrichten, der Herr? Sie verlangt fortgesetzt, jemand Autorisierten zu sprechen. Der Kontrolleur versucht pausenlos, sie zu beschwichtigen.«

»Schicken Sie sie zu uns, mein Freund. Wir werden uns ihre Geschichte unverzüglich anhören.«

Würdevoll begab sich der Diener aus dem ZugCafé. Acheseau schüttelte bestimmt den Kopf. Es hätte nicht viel gefehlt, und sein Schnurrbart wäre aus der Façon geraten.

»Weckmänner... Stutenkerle... Gibt es andererseits Schlaffrauen oder Hengstweiber?«

Waltraud Stubbard

Waltraud Stubbard kam in atemloser Aufregung in das ZugCafé gelaufen. »Ich bin keine Frau, die sich Dinge einbildet, Herr.... Ich glaube, ich kenne nicht einmal Ihren Namen?«

»Acheseau«, stellte sich der Ermittler vor, womit sich die Rheinländerin ganz und gar nicht zufrieden geben mochte.

»Was heißt hier ›Ach so‹? Ihren Namen hätte ich gern erfahren...«

»›Acheseau‹ ist mein Name, Madame, und dies sind Monsieur Trouc, ein Direktor der Bahn, und Dr. Piepenbrink.«

Die Frau hatte ein Einsehen. »Ach so...« Sie sank auf den Klappsitz unmittelbar neben der gläsernen Trennwand zum Nachbarabteil.

»Sag ich ja.« Er wandte sich an Trouc. »Seit wann sind eigentlich so viele Franzosen bei der Bahn beschäftigt, mon ami?«

Der hatte prompt eine Begründung parat, die Acheseau aber wohl nicht übermäßig überraschte.

»Seit solche Stellen wie meine oder auch geringer bezahlte europaweit ausgeschrieben werden müssen... C'est ça.«

Waltraud Stubbard brachte sich erneut ins Gespräch. »Nun werde ich mir ja jetzt nicht den Anschein geben, als ob ich so schlau war, wie ich es hätte sein können. Ich hatte mir in den Kopf gesetzt, dass es der Mann vom Platz nebenan war, durch den ich geweckt worden bin... der arme Kerl, der getötet worden ist.«

Kurz und trocken war das Lachen, das diese Äußerung quittierte. »Von wegen ›armer Kerl‹.«

Acheseaus Gesprächspartnerin schaute irritiert.

»Um welche Zeit wurden Sie geweckt, Madame Stubbard?«

»Nun, ich bin sicher, dass ich Sie das nicht wissen lassen kann.« Leicht verlegen spielte sie mit den Schluppen ihrer Bluse. Die Schleife nahm das übel. »Ich hab nicht auf die Uhr geschaut. Ich war zu aufgeregt.«

»Und welche Theorie haben Sie jetzt?«

»Nun, ich würde sagen, das ist so klar wie Kloßbrühe. Der Mann an meinem Sitz war der Mörder. Wer sonst hätte es sein sollen?« Die Mehrzahl der dunkelgrauen Eulen auf ihrer ansonsten grellbunten Schluppenbluse blickte einander fragend an. Die übrigen ließen, soweit möglich, den Fragesteller nicht aus den Augen.

»Und Sie glauben, er wollte zurück auf seinen Platz?«

»Wie soll ich ahnen, wohin er wollte? Ich hatte meine Augen geschlossen. Gnade, was hatte ich eine Panik! Wenn nur mein Sohn wüsste... Herr... wie war der Name...?«

»Comment, Sie wissen den Namen Ihres Sohnes nicht mehr?«

»Ach so... Nein, Unsinn... Der Mann war einfach da, im selben Wagenteil wie ich.«

»Dafür mag es eine natürliche Deutung geben.«

»Ich weiß echt nicht, was mit Ihnen allen los ist.« Es gelang ihr schließlich, die Schleife wieder notdürftig herzurichten, indem sie die zwei umgeschlagenen Enden der Schluppen miteinander verknotete. »Scheint so, als ob Sie nichts anderes hätten als Einwendungen. Es macht mich echt wütend.«

Acheseaus Stimme wurde noch verhaltener. »Schon gut, darf ich die eine oder andere Frage stellen?«

Die Kölnerin schluckte zweimal. »Nur zu.« Auf die Oberflächenbeschaffenheit ihrer Stirn hatte das Zugeständnis kaum einen Einfluss.

»Sie wissen, wer es ist, der da gestern Nacht getötet wurde?«

»N... nein... Das sagte ich bereits.«

Der ermittelnde Franzose flüsterte auch ihr etwas ins Ohr.

Ihre Reaktion war blankes Erstaunen. »Das glaube ich jetzt nicht... Tatsächlich wahr?«

»Ja... Im übrigen: Besitzen Sie einen eisblauen Morgenrock aus Seide?«

»Erbarmen, was für eine komische Idee! Wieso, nein. Ich habe zwei Morgenmäntel dabei... einen aus grünem Frottee, der kuschelig ist für an Bord eines Flugzeugs, und einen, den mein Sohn mir geschenkt hat... einen orientalischen aus violetter Kunstseide... Wozu in aller Welt wollen Sie Details über meine Morgenmäntel ausspähen?«

Acheseau erlaubte sich nachzuhaken. »Nun, schauen Sie, Madame, jemand in einem eisblauen Kimono...«

Dr. Piepenbrink befleißigte sich der von ihm mittlerweile als zwingend notwendig erachteten Vervollständigung. »Mit einem Pinguin drauf...«

»Nun, niemand in einem eisblauen Kimono war in meiner näheren Umgebung... Ich komme noch nicht darüber hinweg... Was mein Sohn bloß sagen wird...? Dieses Monster...«

»Ihr Sohn?«

Sie ging nicht darauf ein, ließ sich nur wortlos Richtung Tür führen. Im letzten Moment bückte er sich und tat so, als hebe er etwas auf. »Sie haben Ihr Taschentuch fallen gelassen, Madame.«

Ein Griff in ihre Handtasche und sie vermochte, die Sachlage klar zu stellen. »Das ist nicht meins, Herr Acheseau. Ich habe meins hier.« Ihr Taschentuch war nachweislich nicht mehr ganz frisch.

Der Detektiv entschuldigte sich prompt. »Pardon. Ich dachte, weil es den Anfangsbuchstaben ›W‹ für ›Waltraud‹ darauf hat... Im kyrillischen Alphabet schreibt man das ›W‹ nämlich wie unser ›B‹.

»Nun, ja, mein Herr, das ist definitiv eher ein ›B‹ und es ist ganz bestimmt nicht meins. Meine sind mit ›W. S.‹ gekennzeichnet, und sie sind vernünftige Dinger... nicht so halbe Trockentücher.«

Lautstark schnäuzte sie sich die Nase und rauschte davon.

Britta Paulsson

Sorgfältig sah Sèrecule Acheseau den Stapel Ausweise vor ihm durch. »Ah! Da haben wir Sie ja. ›Britta Paulsson, neununddreißig Jahre, Staatsangehörigkeit dänisch‹. So setzen Sie sich bitte.«

Dankend akzeptierte sie das Angebot, raffte ihr dezent gemustertes Kleid zusammen und suchte sich den rechten Klappsitz aus.

»Madame Paulsson, was ist bitte Ihr Beruf?« Neugierig blickte er ihr in die Augen.

Die Dänin gab bereitwillig Auskunft. »Ich arbeite in einem Internat in der Nähe von Lüdenscheid.«

Ein versonnener Acheseau verfiel in Sangeslaune. »Weit, weit, weit ist es bis Lüdenscheid…«

»Ich bin gelernte Zuckerbäckerin.«

»Ja, wenn die Dänen eines können…« Die Realität fing ihn wieder ein. »Sie haben selbstverständlich erfahren, was vergangene Nacht geschah, Madame?«

»Sicherlich. Es ist so schrecklich. Und die Frau aus Köln berichtete mir, dass der Mörder tatsächlich an ihrem Sitz war.«

Acheseau schoss seine Vermutung ins Blaue. »Und das vermögen Sie zu bezeugen?«

Die Spekulation verfehlte ihr Ziel. »Ich war auf der Toilette.«

»Ich höre, dass Sie, Madame, die letzte Person waren, die den Ermordeten lebend gesehen hat?«

»Ich weiß es nicht. Es mag so sein. Obwohl... Da war ja dann auch noch sein Mörder, nicht wahr? Ich war auf der Toilette, und als ich herauskam, stand er da...«

»Und was taten Sie danach, Madame?«

»Danach bin ich zurück an meinen Sitzplatz gegangen und habe es mir bequem gemacht, so weit das machbar war.«

»Wie spät war es da?« Sein lauernder Blick fixierte die Dänin.

»Ich schaue abends nicht auf die Uhr.«

»Stand Madame Stubbard noch einmal von ihrem Platz auf, nachdem der Zug in Brilon Wald losfuhr?«

Die Antwort kam ohne Verzögerung. »Nein, ich bin mir sicher, dass nein.«

»Weswegen sind Sie sicher?«

»Ich habe einen extrem leichten Schlaf. Ich wache bereits beim leisesten Geräusch auf. Ich bin sicher, dass ich wach geworden wäre, falls sie aufgestanden wäre.«

»Haben Sie selbst sich nochmals von Ihrem Platz entfernt?«

»Nicht bis heute Morgen.«

Acheseau wechselte abrupt das Thema... zum wiederholten Male. »Besitzen Sie einen eisblauen Kimono, mit...«

Dr. Piepenbrink klinkte sich ein. »Mit einem aufgestickten Pinguin...?«

Seelenruhig nahm Acheseau seinen Satz wieder auf. »Einen eisblauen Kimono, mit Verlaub gefragt, Madame?«

Doch er erzielte abermals keinen Durchbruch. »Nein, nun wirklich nicht. Ich habe einen guten, bequemen Morgenmantel. Einen blass rosafarbenen...«

»Aus welchem Grund unternehmen Sie diese Reise? Urlaub?«

Endlich interessierte die Backwarenfachfrau ein Gesprächssujet. »Ja, ich fahre zu meinem Bruder.«

»Waren Sie je in Amerika, Madame?«

»Nein. Fast wäre ich einmal...«

»›Fast‹ zählt nicht...« Beinahe klang es, als wäre er enttäuscht. »Merci vielmals soweit.«

Britta Paulsson ging aus dem ZugCafé, derweil Acheseau eifrig eine Seite des Notizhefts beschrieb. Leise trällerte sie vor sich hin. »Weit, weit, weit ist es bis Lüdenscheid...« Johnny Hills Song wirkte auch nach 45 Jahren noch nach, bewies sein Talent als Ohrwurm...

»Ich für meinen Teil, ich werde eine Vermutung bezüglich der Identität des Mörders abgeben.« Troucs Stimme platzte in die eingetretene Ruhe. »Ich sage, mein Freund, dass es der große Italiener war. Er kommt aus Amerika... aus Chicago... und rufen Sie sich ins Gedächtnis zurück: Eines Italieners Waffe ist das Messer, und er sticht nicht einmal, sondern mehrfach zu.«

»Das stimmt.« Eigentlich war die Ironie in der Stimme des von seinen Notizen nur kurz aufblickenden Acheseaus nicht zu überhören.

Monsieur Trouc ließ seinen erleichterten Blick gen Decke des Wagens schweifen. »Wenn alles im Leben so einfach wä...«

»Sie sind nicht die hellste Katze auf dem Tannenbaum, oder? Wie geht das zusammen mit der Angabe des Dieners mit den Leibschmerzen, der schwört, dass der Italiener nie seine Sitzgelegenheit verlassen hat?«

»Das ist die Schwierigkeit.« Wahre Einsicht hätte anders geklungen.

»Ja, das ist echt ärgerlich. Pech für Ihre Theorie.«

Der trotzige Trouc beabsichtigte nicht zurückrudern. »Das wird sich weisen.«

Dieses Mal vermied es der Detektiv aufzuschauen. »Nein, wie schon mein alter Ruderlehrer zu sagen pflegte: ›Es ist wohl kaum so einfach.‹«

Noch einmal der Kellner und Kontrolleur

Noch einmal musste Lou Louc Rede und Antwort stehen. Sichtlich nervös drehte er seine imaginäre rote Schaffnermütze mit konstanter Geschwindigkeit gegen den Uhrzeigersinn. Die Gleichförmigkeit dieser Bewegung vermochte augenscheinlich sein derangiertes Nervenkostüm ansatzweise aufzuhübschen.

Dieses Mal eröffnete Trouc den Fragereigen. »Louc, was sagen Sie dazu, dass sich ein Mann in der letzten Nacht an Madame Stubbards Platz aufgehalten haben soll.«

Der Kontrolleur und Kellner schien zu ahnen, worauf das hinauslief. »Monsieur, dort war niemand. Die Dame muss sich das eingebildet haben.«

»Sie hat es sich nicht eingebildet, Louc. Der Mörder von Monsieur Ruchard durchquerte das Abteil.«

»Das ist nicht wahr, Monsieur, das ist nicht wahr!« Sein Nervenkostüm war endgültig ramponiert. »Sie beschuldigen mich einer Missetat. Mich? Ich bin unschuldig. Ich bin völlig unschuldig. Wozu sollte ich einen Menschen töten, den ich vorher nie gesehen habe?«

Das schien dem Fragesteller irgendwie einzuleuchten. »Nun kommen Sie mal runter, Louc... Haben Sie irgendwen Männliches weggehen sehen... in die andere Richtung, den Gang hinunter?«

Louc holte tief Luft. Seine Stimme wurde wieder fester. »Nein. Monsieur.« Aber lediglich für einen Augenblick.

»Komisch.« Einmal mehr guckte der Bahn-Offizielle ein Loch in die Luft des ZugCafés.

Louc schnappte nach Luft.

»Nicht so sehr.« Jetzt mischte Acheseau sich ein. »Es ist eine Frage der Zeit. Madame Stubbard wacht auf und findet jemand an ihrem Platz vor. Eine Minute oder zwei sitzt sie gelähmt da, die Augen geschlossen. Danach beginnt sie zu rufen. Der Kontrolleur hört erst auf das dritte oder vierte Rufen, kommt nicht sofort. Ich würde sagen, dass hinreichend Zeit war...«

»Wozu? Wozu, mon cher?« Bernard Trouc vermochte zunächst nicht zu folgen.

»Zwei Fluchtwege verbleiben unserem mysteriösen Attentäter. Er könnte sich in eine der Toiletten zurückgezogen haben oder er könnte sich auf einen der Plätze gesetzt haben.«

»Sie meinen, dass er sich auf seinen eigenen Platz zurückbegeben hat?«

Acheseau nickte.

»Es passt, es passt.« Wirklich überzeugt sah er allerdings nicht aus.

»Wir müssen noch acht Reisende interviewen.«

»Wen planen Sie, zuerst zu befragen... den Italiener?« Seine Selbstsicherheit wollte zurückkeh...

»Was Sie fortgesetzt auf Ihrem Italiener herumreiten! Nein, wir werden mit der gesellschaftlich ersten Klasse beginnen. Gegebenenfalls wird ja Madame la Baronesse so gut sein und uns ein paar Sekunden ihrer Zeit opfern. Überbringen Sie ihr die Nachricht, Louc.«

Baronin Brundula von Brause

»Wir bitten unterwürfigst um Verzeihung…« Trouc war wieder der Alte.

Brundula von Brause fiel ihm ins Wort. »Sie brauchen sich nicht zu deprezieren, Messieurs. Ich höre, eine Bluttat hat stattgefunden. Auf jeden Fall müssen Sie alle Reisenden befragen.«

Acheseau wusste, wie man sich benimmt. »Sie sind ausnehmend liebenswürdig, Madame.«

»Nicht der Rede wert. Ich betrachte es als Pflicht. Was wünschen Sie zu wissen?«

»Ihre vollständigen Namen und Ihre Adresse, Madame.«

»Brundula von Brause, bis vor einigen Monaten Breite Straße, heute Journal-Straße 17 in Mainz.«

»Sie befinden sich auf der Heimreise von Kassel, Madame?«

»Ja, und wie immer reist meine Friseurin mit mir gemeinsam.«

»Hätten Sie die Güte, mir einen knappen Abriss Ihrer Aktivitäten nach dem Abendessen zu geben?« Acheseau benahm sich formvollendet.

»›Abendessen‹ ist ja wohl zuviel gesagt. Jedenfalls habe ich mich in meine Ecke zurückgezogen und gelesen. Kurz darauf muss ich eingeschlafen sein. Für wie lange kann ich nicht präzisieren. Als ich aufwachte, stand der Zug.«

»Sie waren schon in Amerika, vermute ich, Madame?« Spontane Themenwechsel mochten seine Spezialität sein.

»Oftmals... Ich muss Sie um eine Begründung für die Fragen angehen. Was haben sie mit dem vorliegenden Fall zu tun... dem Kapitalverbrechen in diesem Zug?«

»Sie haben Kenntnis darüber, wer heute Nacht ermordet wurde?« Da war wieder dieses Blitzen in seinen Augen.

»Nein...«

Acheseau beschrieb einen Zettel, klappte ihn doppelt und reichte ihn ihr. Sie las ihn und gab ihn zurück.

»Ah! Meiner Ansicht nach ist die letale Tätlichkeit unter diesen Umständen ein höchst admirables Ereignis!« Daumen und Zeigefinger der rechten Hand, die wie die linke in unterarmlangen fingerlosen Handschuhen steckte, spielten versonnen mit der beachtlich langen Perlenkette, die auf dem samtenen dunkelgrünen Rollkragenpullover hervorragend zur Geltung kam. »Sie werden mir meine ein wenig voreingenommene Sichtweise vergeben.«

»Sie ist nur natürlich, Madame.« Seine Stimme klang entkrampfend wie selten.

»Noch etwas...?«

»Eines noch, Madame, eine in gewisser Weise persönliche Frage. Die Farbe Ihres Morgenrocks ist...?«

Die einstige Nachrichtensprecher-Aspirantin verdrehte die Augen. »Ich muss annehmen, dass Sie einen

Grund für eine solche Erkundigung haben. Mein Morgenrock ist aus zitronengelber Seide.«

»Das wäre alles, Madame. Ich bin Ihnen tief verbunden, dass Sie meine Fragen so entgegenkommend beantwortet haben.«

»Sie werden es mir verzeihen, Monsieur, aber gestatten Sie, dass ich Sie nach Ihrem Namen frage? Ihr Gesicht kommt mir irgendwie bekannt vor.«

Der Detektiv lächelte geschmeichelt. »Mein Name, Madame, ist Sèrecule Acheseau... zu Ihren Diensten.«

»Ach so! Sèrecule Acheseau...« Ihre brünette Innenrolle wippte nachdenklich.

Graf und Gräfin Nie

Graf Nie betrat das ZugCafé ohne seine Gattin. »Nun, Messieurs, was kann ich für Sie tun?«

Sèrecule Acheseau nahm sein Ritual in Angriff. »Sie begreifen, Monsieur, dass ich angesichts dessen, was vorgefallen ist, dazu verpflichtet bin, allen Fahrgästen gewisse Fragen zu stellen.«

»Durchaus, durchaus. Ich kann Ihre Lage nachvollziehen.« Er machte sich auf, mit ausladenden Schritten auf und ab zu gehen, wobei Glastür und Theke seinem Hospitalismus jedoch enge Grenzen steckten. »Nur dass, wie ich fürchte, meine Gemahlin und ich nicht viel dazu beizutragen in der Lage sind, um Ihnen weiter zu helfen. Wir haben geschlafen und rein gar nichts um uns herum wahrgenommen.«

»Sind Sie sich der Intimität... Intensiv... Identität des Verblichenen..., Monsieur? Ich meine, kannten Sie den Namen des Mannes?«

»Nein.« Freilich hatte der Graf einen simplen Einfall, so einfach, dass er dafür seine Wanderung unterbrach. »Für den Fall, dass Sie seinen Namen benötigen, so steht er sicherlich in seinem Personalausweis.«

Acheseau hatte ein Gegenargument. »Der Name in seinem Personalausweis lautet auf Ruchard. Aber das, Monsieur, war nicht sein Name.« Er gab ihm den Zettel, beobachtete sein Gegenüber eingehend, während er redete, doch der schien ziemlich ungerührt von der Neuigkeit.

»Ah! Das sollte gewiss Licht in die Sache bringen. Ein außergewöhnliches Land, dieses Amerika.«

»Sie waren vielleicht bereits einmal drüben, Monsieur le Comte?«

»Nein, noch nie.«

»Ne nie pas, Comte Nie!«

Graf Nie gab sich indigniert. »Ich muss doch bitten... Warum duzen Sie mich mit einem Mal?« Er bemerkte, dass durch die unerwartete Erregung das Halstuch mit dem hübschen Paisley-Muster begonnen hatte, sich in seinem weißen Oberhemdkragen zu verselbständigen.

Der Ermittler blieb ungerührt. »Nun machen Sie hier mal nicht auf beteiligte Leberwurst! Das war bloß ein Wortspiel. ›Nie‹ ist doch der Imperativ, die Befehlsform des französischen Verbs, ›nier‹, n'est-ce pas?«

»Ohne Frage..., bloß im Singular.« Sein Vorbehalt war wohl berechtigt. Fahrig korrigierte er den Sitz des derangierten Stücks Polyesterstoffs unter seinem glattrasierten Kinn.

»Von mir aus...«, lenkte Acheseau widerwillig ein. »Also... Leugnen Sie nicht!«

»Ich kann mich nur schwerlich entsinnen... Das muss dann Jahrzehnte her sein... Aber um auf den vorliegenden Fall zurückzukommen, Messieurs. Wie kann ich Ihnen des Weiteren dienlich sein?«

»Sie zogen sich wann zurück, Monsieur le Comte?«

»Gegen zehn Uhr lehnte meine Gattin sich zurück. Eine Weile später wurde ich ebenfalls schläfrig. Ich schlief tief und fest.«

»Und Ihre Gemahlin?«

»Meine Gattin nimmt grundsätzlich ein Schlafmittel, wenn sie mit dem Zug reist, unabhängig von der Dauer der Fahrt. Sie schluckte ihre gewohnte Dosis. Es tut mir leid, dass ich Ihnen in keiner Weise behilflich sein kann.«

»Und sie hat ihren Platz auch NIE...« Er konnte ein Kichern nicht unterdrücken. »...verlassen?«

»Auf mein Ehrenwort: niemals... nie!«

Mit abermaligem Kichern schob er dem Grafen sein Schreibzeug zu. »Danke, Monsieur le Comte. Es ist eine Formalität, aber würden Sie mir Ihre Adresse hinterlassen?«

Graf Nie schrieb langsam und mit Sorgfalt. »Es ist echt zweckmäßig, dass ich es für Sie niederschreibe. Die Schreibweise meines Landsitzes ist ein wenig schwierig für jemanden, der mit der Sprache nicht sonderlich vertraut ist.« Er schob das Papier zu Acheseau hinüber und erhob sich. »Doch was rede ich... Sie sind ja Belgier wie ich.«

Das war ein Fehler, wie er auf der Stelle begreifen musste!

»Mon dieu!! Wie kommen Sie darauf? Ich bin Franzose!« Sein Gesicht war hochrot angelaufen, von seiner Körperhaltung hätte Rumpelstilzchen noch etwas lernen mögen.

»Ach so? Wie dem auch sei... Für meine Gattin wird es kaum vonnöten sein, sich hier einzufinden.« Erneut richtete er sein verrutschtes Halstuch. »Sie kann nicht mehr darlegen, als ich es bereits getan habe.«

»Es wird eine bloße Formalität sein. Wenn Sie verstehen... Es ist für meinen Rapport unabdingbar.«

Ein genervter Graf verließ das ZugCafé. »Wie Sie meinen.«

Sèrecule Acheseau wartete, bis sich die Pendeltür beruhigt hatte, langte nach einem Ausweispapier und las laut. »›Graf Nie. Vorname André. In Begleitung seiner Gattin. Vorname Andrée‹ – freilich mit Doppel-e – ›geborene...‹ Ach so, jetzt wird mir so mancherlei deutlich. ›Alter: zwanzig.‹«

Bernard Trouc wies mit dem kleinen Finger auf das Dokument. »Ein Diplomaten-Pass. Wir müssen vorsichtig sein, mein Freund, keinen Anlass zur Beanstandung zu bieten. Diese Leute können mit dem Mord nichts zu schaffen haben.«

Acheseau mochte es nicht fassen: »›Sie hat man wohl mit dem...‹ Wie sagt man bei Ihnen?... ›Klingelbeutel gepudert‹. Locker bleiben, mon vieux, ich werde ungemein taktil sein. Eine reine Formalität.« Er senkte die Stimme merklich, als die Gräfin Nie ängstlich ins ZugCafé trippelte.

»Sie wünschen, mich zu sehen, Messieurs?«

»Eine bloße Formalität, Madame la Comtesse.« Sèrecule Acheseau war die Liebenswürdigkeit in Person. »Es ist nur, um Sie zu fragen, ob Sie in der vergangenen Nacht etwas gesehen oder gehört haben, das Licht in die Dinge bringen könnte.«

»Nicht das Geringste, Monsieur. Ich habe geschlafen.« Es mutete nicht sonderlich originell an.

»Sie hörten nicht, beispielsweise, einen Tumult, weiter hinten im Wagen? Die Dame aus der Domstadt hatte, wie man mir berichtete, einen historischen Anfall...«

»Ich habe nichts gehört, Monsieur. Schauen Sie, ich hatte ein Schlafmittel genommen.«

»Ah! Ich kann mir durchaus einen Reim darauf machen. Nun, ich brauche Sie nicht weiter zu bemühen... Einen winzigen Moment noch...« Er hielt ihr seine Aufzeichnungen vor die adlige Nase. »Diese Einzelangaben, Ihr Mädchenname, Ihr Alter und so fort, sie sind korrekt?«

»Völlig korrekt, Monsieur.«

»Vielleicht unterzeichnen Sie dann diese dementsprechende Aktennotiz? Sie wissen schon: Datenschutzgrundverordnung...«

Eilends unterschrieb die Gräfin die ihr vorgelegte aufgeschlagene Heftseite.

Laut las Acheseau. »›Andrée Nie‹. Begleiteten Sie Ihren Gatten nach Amerika, Madame?«

»Nein, Monsieur.« Die Erklärung war schnell gegeben. »Wir waren zu dem Zeitpunkt noch nicht verheiratet.« Die linke Hand mit dem eine Spur zu protzigen Rosenquarz-Ring zupfte das schwarze Georgette-Tuch über den weißen Schultern zurecht. »Wir sind erst seit einem Jahr verheiratet.«

»Ah ja, danke, Madame. Nebenbei gefragt, raucht Ihr Gatte?«

»Ja.«

Der Detektiv merkte auf.

»Pfeife?«

»Nein. Ausschließlich Zigaretten.«

»Ah! Danke sehr.« Die Fragerunde schien beendet, doch die Dame hakte nach. »Weshalb haben Sie mich das gefragt?«

»Madame, Detektive müssen alle Art Fragen stellen. Zum Beispiel werden Sie mir unter Umständen die Farbe und das Material Ihres Morgenrocks verraten?«

»Er ist aus hellgrünem Polyester.« Ihr Erdbeermund verlangte zunächst nach einer neuen Lage Lippenstift, formte in der Folge ein Fragezeichen, wodurch der rechte Spaghettiträger ihres roten Cupresakleids beinahe ins Rutschen geriet. »Ist das wirklich wichtig?«

»Ausgesprochen wichtig, Madame.«

»Sind Sie denn auch bestimmt Detektiv?« Ging das jetzt nicht zu weit?

»Zu Ihren Diensten, Madame. Voilà, es war gar nicht so schlimm.«

Ihr Gesicht verriet keine Regung, als sie die Männer zurückließ.

Der Bahn-Offizielle erneuerte seinen Vorschlag. »Werden wir jetzt den Italiener erleben?«

Bischof Berdochnoch

Bischof Berdochnoch spähte gespannt in die Runde.

»Ihren Namen, Ihr Alter, Ihre Heimatadresse und Ihren exakten klerikalen Rang, bitte, mein Herr.« Acheseau hatte wahrlich nicht viele Variationen auf Lager. Er wies ihn an, sich auf einem der drei Klappsitze niederzulassen.

Der Bischof nahm die Aufforderung nicht ungern an, klappte den mittleren Sitz herunter, ließ sich auf diesen fallen, breitete seine Arme aus und umarmte die Lehnen der Nachbarsitze. »Sie haben nichts dagegen, oder?« Er blickte den Detektiv selbstsicher an.

Der zuckte bloß mit den Schultern seiner an der Nackenpartie des Schalkragens immer noch irgendwie regenfeuchten, messingfarbenen Strickweste.

Der Kleriker richtete seine schwarze Soutane, so dass er seinen rechten Fußknöchel auf das linke Knie legen konnte, was seiner violetten Socke Gelegenheit gab, unter der schwarzen Anzughose hervor zu lugen. Schließlich kam er zu den gewünschten Angaben. »Berdochnoch, Albert, 47 Jahre, Domplatz 5, Paderborn; Bischof der katholischen Kirche.«

»Trifft es zu, dass Sie gerade von einer Unterredung im Vatikan zurückkehren?«

»Ja.«

»Also kamen Sie geradewegs aus Italien?«

»Kam aus dem Vatikan... Unterbrach meine Reise und blieb drei Tage in Marsberg beim dortigen Oberbürgermeister, der zufällig ein alter Freund von mir ist.«

»Ich höre, dass diese Niederländerin, Madame Cori van Nebben-Aan, in Marsberg zustieg.« Lauernden Blickes legte er nach. »Liegt es im Bereich des Möglichen, dass Sie sie bereits vorher dort trafen?«

Die Antwort des Kirchenmannes war ernüchternd. »Nein, tat ich nicht.«

»Na, vielleicht doch, zum Beispiel bei einem geführten Besuch im Kilianstollen?«

»Nein.«

»In den Drakenhöhlen?«

»Nein.«

»Aber auf dem Buttenturm?«

»Auch nicht.«

»Einem Spaziergang auf dem Herrmannshöhenweg?«

»Nein.«

»Einer Radtour auf dem Diemelradweg?«

»Nein, traf Frau van Nebben-Aan zum ersten Mal auf dem Bahnsteig, als wir auf diesen Zug hier warteten.«

Acheseau ließ nicht locker. »Monsieur, ich appelliere an Ihre Hilfsbereitschaft. Sie sind schon von Berufs wegen ein Menschenkenner. Es ist wesentlich, dass ich mich bei jedem nach seiner Meinung über den anderen erkundige. So gehe ich Sie an, Monsieur, im Interesse der Gerechtigkeit. Welche Couleur von Person ist Madame van Nebben-Aan? Was wissen Sie über sie?«

Der Bischof musste an sich halten. »Frau van Nebben-Aan ist eine Dame.« Er klang endgültig.

»Ah! So finden Sie also nicht, dass es wahrscheinlich ist, dass sie in das Delikt verwickelt ist?«

»Die Idee ist absurd.« Er schüttelte den Kopf.

»Die Sache liegt Ihnen am Herzen.«

Die nüchterne Feststellung sorgte für Verwirrung. Er stellte den Fuß wieder auf den Boden, neben sein Pendant, beugte sich angespannt vor und stützte sich dabei – die Ellenbogen nach außen – mit gespreizten Daumen und Zeigefingern auf die Knie.

»Weiß in der Tat nicht, was Sie meinen.«

»Das ist ja alles nebensächlich.« Acheseau winkte ab. »Lassen Sie uns praktisch denken und zu den Tatsachen übergehen. Wir haben Anlass zu der Hypothese, dass dieses Gewaltverbrechen gestern Nacht um halb zwölf geschah. Es ist Teil der unerlässlichen Routine, mich bei allen Reisenden im Zug zu vergewissern, was er oder sie zu diesem Zeitpunkt dabei war zu tun.«

»Recht so.« Der Bischof hatte sich wieder gefangen. Er lehnte sich an, schlug das linke Bein über das rechte und präsentierte unweigerlich eine quietschgrüne Herrensocke. Acheseaus erstaunten Blick ob dieser Offenbarung ließ er unkommentiert. »Um halb zwölf, auf Treu und Glauben, unterhielt ich mich mit dem jungen Amerikaner... dem Sekretär des Toten.«

»Ah! Waren Sie an seinem oder an Ihrem Platz?«

»War an seinem.«

»Monsieur McClean ist ein Freund... oder ein Bekannter von Ihnen?« Seine Stimme klang unverfänglich.

»Weder noch... Habe ihn vor dieser Reise noch nie gesehen. Wir kamen ins Plaudern gestern... Mochte den jungen Burschen. Er hatte eine irgendwie närrische Einschätzung der Situation in der Welt; das ist das Schlimmste mit den Amerikanern... sie sind entweder sentimental und idealistisch oder halten alles für ›fake‹. So interessierte es ihn, was ich ihm dazu zu sagen hatte. Als ich auf die Uhr schaute, war es bereits Viertel vor zwölf.«

»Und das war der Zeitpunkt, an dem Sie die Unterhaltung beendeten?«

»Ja.« Mit einem Nicken bekräftigte Berdochnoch sein Statement.

»Was taten Sie danach?«

»Marschierte den Gang entlang zu meinem Sitz.« Zum achten Mal fehlte ein Subjekt in seinem Satz. Lag diese militärische Sprechweise am Gewöhnungseffekt an die hierarchischen Strukturen der katholischen Kirche?

»Während Sie sich unterhielten, rauchten Sie... vielleicht eine Zigarette, vielleicht eine schöne Pfeife...?«

»Hätte schon eine Pfeife rauchen mögen; leider gibt es keine Raucherabteile mehr in deutschen Zügen.«

»Sie diskutieren die Lage in Europa... und in der Welt. Es ist schon spät. Die meisten haben sich bequem zurückgelehnt. Passierte irgendwer Ihre Sitzgelegenheit? Überlegen Sie!«

»Schwer zu sagen. Schauen Sie, ich achtete nicht darauf.«

»Sie verfügen schon über eine gewisse Beobachtungsgabe, oder?«

»Kann es nicht sagen.« Sein Zeigefinger versuchte vergeblich, den Kollar seiner bischöflichen Reisekleidung doch ein wenig zu lockern. »Kann mich an niemanden erinn... Warten Sie... eine Frau, glaube ich...«

»Sahen Sie sie? War sie alt... jung?«

»Sah sie nicht. Guckte gerade nicht in die Richtung. Bloß ein Rascheln und eine Art... Duft.« Die Erinnerung ließ ihn aufs Neue ein wenig leicht abgestandene Bahnluft schnuppern.

»Sie können das nicht ein bisschen konkreter festmachen?«

»N-Nein. Es muss im Verlauf unserer Unterhaltung geschehen sein.«

»Als der Zug bereits gehalten hatte?«

»Ja, da bin ich nahezu sicher.«

»Nun, kommen wir zu etwas anderem. Waren Sie jemals in Amerika, Bischof Berdochnoch?«

»›Exzellenz‹ ist die korrekte Anrede, wenn es recht ist. Und nein... Niemals. Möchte auch nicht dort hin.« Die Vorstellung machte ihn frösteln.

»Der Mann, der gestern Nacht getötet wurde, war verantwortlich für...« Sèrecule Acheseau erhob sich und zelebrierte abermals das allseits bekannte Flüstern in das Ohr eines Zuhörers.

»Ergo hat, meinem Dafürhalten nach, das Schwein bekommen, was es verdiente.«

»Tatsächlich glaube ich, dass diese Auffassung nicht mit der der katholischen Kirche konserviert... Danke sehr, Exzellenz, das ist alles.«

In der Tür wandte sich der Bischof abermalig um. »Wegen Frau van Nebben-Aan... Sie können sich darauf verlassen, dass sie in Ordnung ist. Sie war Klosterschülerin.« Auf dem Absatz machte er so schwungvoll kehrt, dass die Fransen des Zingulums – dem Gesetz der Trägheit der Masse folgend – die Rotationsbewegung nicht so schnell nachvollziehen konnten. Dem exakt mittig auf dem Scheitel sitzenden Pileolus aus violettem Wildleder hingegen konnte die Drehung aufgrund eines gewissen Reibungswiderstands auf der Teilglatze des Kirchenvertreters schnuppe sein.

Dr. Piepenbrink wollte es anschließend fundierter wissen. »Was heißt das ›eine Klosterschülerin‹?«

Acheseau schien sich auszukennen. »Es bedeutet, dass Madame van Nebben-Aan in einem kirchlichen Internat ihre Ausbildung erhalten hat, genauso wie wahrscheinlich Bischof Berdochnoch selbst.«

»Ach so! Also hat das mit der Tat nicht die Spur zu tun.«

»So ist es... Bischof Albert Berdochnoch raucht Pfeife. An Monsieur Ruchards Platz entdeckte ich einen Pfeifenreiniger. Monsieur Ruchard rauchte aber nicht.«

»Sie wollen sagen...?«

»Kein anderer Mann hat bislang zugegeben, Pfeife zu rauchen.«

»Sie denken also, es ist möglich...«

»Das ist geradezu... es ist unmöglich... durchweg unmöglich... dass ein ehrenhafter, leicht dümmlicher, indes ehrenwerter Sauerländer zwölf Mal mit einem Messer auf seinen Feind einstechen sollte..., mal mit rechts, mal mit der anderen Hand. Merken Sie nicht, meine Freunde, wie unrealistisch das ist?«

Cyriac D. Partmann

»Morgen, die Herren!« Cyriac D. Partmann gab sich jovial. Er nahm seinen Canotier ab. Das fahrige Zupfen an dessen braun-kariertem Rebsband hingegen verriet ihn. »Wie kann ich Ihnen behilflich sein?«

Acheseau hob an wie gewohnt. »Sie haben von diesem Mord gehört, Monsieur... äh... Partmann?«

»Klar.« Er verschob geschickt sein Kaugummi. Es mochte der leichte Apfelduft gewesen sein, den diese Aktion freisetzte, die den Ermittler dazu bewog, den Kreissägenträger von sich weg auf einen der Klappsitze zu dirigieren.

»Wir müssen alle Reisenden im Zug ausquetschen.«

»Da hab´ ich nicht das Mindeste gegen. Glaub´, das ist die einzige Methode, den Job anzupacken.«

Acheseau konsultierte den vor ihm liegenden Ausweis. »Sie sind Cyriac D. Partmann, Bürger der Bundesrepublik Deutschland, dreiundvierzig Jahre alt, Versicherungs-Vermittler?«

»Soweit korrekt.«

»Sie reisen von Warburg nach Hagen?«

»So ist es.«

»Der Grund?«

»Geschäft.«

»Na, Monsieur Partmann, reden wir über die Ereignisse der letzten Nacht. Was können Sie uns darüber sagen?«

»Im Grunde genommen nichts.«

»Ah, das ist schade. Ist es denkbar, dass Sie uns, Monsieur Partmann, akribisch genau schildern, was Sie gestern Abend taten?«

»Sie entschuldigen, Gentlemen, aber wer sind Sie eigentlich?« Der Versicherungs-Vermittler drehte den Spieß um. »Klären Sie mich auf.«

»Ich bin Sèrecule Acheseau. Ich wurde von der Bahn engagiert, um in dieser Angelegenheit zu ermitteln.«

»Ich hab´ von Ihnen gehört... War da nicht ein Wachsbohnenstrauß im Spiel in einem Ihrer Fälle? Egal.« Er gab sich zufrieden mit der zuvor erhaltenen Auskunft, fügte aber aus heiterem Himmel hinzu. »Schätze, ich mach besser reinen Tisch.«

»Es wird sicherlich ratsam sein, dass Sie uns alles offenbaren, was Sie wissen.«

»Bevor ich in irgendeinen falschen Verdacht gerate... Ich bin kein Vermittler im ursprünglichen Sinn...«

»Erläutern Sie das bitte, Monsieur Partmann.« Acheseaus Augenbrauen weiteten sich.

Partmann seufzte, entsorgte mühselig das Kaugummi in den Klappaschenbecher, erhob sich umständlich, langte in seine Tasche und holte ein versilbertes, leicht verschrammtes Zigarettenetui hervor, dem er eine Visitenkarte entnahm, die er irgendwie reichlich umständlich zwischen Zeige- und Mittelfinger zurecht rückte, um sie gespielt salopp wie eine Mini-Frisbeescheibe, doch kaum wirklich elegant, dem Frage-Trio auf den Tisch zu werfen. »Das hier bin ich im echten Leben.«

Eingehend untersuchte der Detektiv das gelandete Kartonstückchen.

Den rechten Zeigefinger an die Unterlippe gelegt, lugte Monsieur Trouc ihm über die Schulter. Zögerlich las er halblaut vor. »›CYRIAC D. PARTMANN, Escort-Service, SAARLOUIS‹«

Acheseau übernahm wieder. »Sie vermitteln also keine... äh... Versicherungen?«

»Sag ich ja…«

»Escort-Service?«

»Ja klar.«

»So, Monsieur Partmann...« Seine Faust hätte entschieden auf den Tisch niedersausen sollen, besann sich aber offenkundig eines Besseren. »Lassen Sie uns die Bedeutung all dessen hören.«

»Klar, das kam so. Ich war nach NRW rüber gekommen, weil... hat nichts mit dem Fall hier zu tun. Der Auftrag endete in Warburg. Ich habe meinem Chef eine Nachricht geschickt und habe die Anweisung übermittelt bekommen zurückzukehren. Also wollte ich mich auf die Socken zurück ins kleine alte Saarlouis gemacht haben... Das liegt in der Nachbarschaft von Saarbrücken.«

»Wie alles im Saarland.« Acheseau kannte sich anscheinend aus.

Partmann schob ihm einen Brief hinüber.

Erneut war Trouc schneller. »Ah, Briefpapier aus der ›Pension Erica‹ in Warburg.«

Acheseau riss jedoch das Wort an sich und übernahm. »›Werter Herr, Sie sind mir empfohlen worden.

Sprechen Sie bitte um vier Uhr heute Nachmittag in meinem Zimmer vor.‹ Unterschrift ›Richard R. Ruchard.‹ Eh bien?«

»Zur angegebenen Zeit war ich da, und Mr. Ruchard hat mich als Begleiter engagiert. Well, Gentlemen, ich bin mit demselben Zug gefahren, und – trotz meiner Anwesenheit – einer hat ihn erwischt.«

»Sie hatten keine Ahnung, nehme ich an, von seiner tatsächlichen Identität.«

Cyriac D. Partmann legte den Kopf leicht schräg. »Ich versteh´ Sie nicht.«

»Ruchard war...« Auch ihm flüsterte er etwas ins Ohr.

»Na, das ist ja mal ´ne Überraschung! Nein, ich hab´ ihn nicht erkannt. Tja, ich bezweifle nicht, dass eine Handvoll Typen ihn auf der Abschussliste gehabt hat.«

»Es gibt niemanden, mutmaße ich mal, der die Geschichte bezüglich Ihrer Identität erhärten kann, Monsieur Partmann?«

»Da müssen Sie schon warten und nach Saarlouis mailen, wenn die Lawine weggeräumt ist. Is´ aber okay. Ich hab´ kein Märchen erzählt. Also, bis denn, meine Herren. Freut mich, Ihre Bekanntschaft gemacht zu haben, Herr Acheseau.«

Er machte Anstalten, sich zum Gehen zu wenden, wurde allerdings durch das ihm hingehaltene Zigarettenetui aufgehalten. »Aber vielleicht bevorzugen Sie ja eine Pfeife?«

Partmann schüttelte verächtlich den Kopf. »Ich rauche nicht, danke.«

Die ZugCafé-Tür pendelte sich ein.

»Sie glauben, er ist ehrlich?« Dr. Piepenbrink wirkte skeptisch.

»Ja, ja.« Sèrecule Acheseau war mit seinen Notizen beschäftigt.

»Sie haben das Tattoo in seinem Nacken spitzgekriegt?«

»Ich kenne diesen Typ Mensch. Was er erzählt hat, ist eine Geschichte, die leicht widerlegt werden könnte. Und jetzt werden wir das Herz Monsieur Troucs erfreuen und uns mit dem Italiener befassen.«

Ringo Zabaioni

»Also nur so zur Wiederholung... Ihr Name ist Ringo Zabaioni?« Der Ermittler hakte unbeirrt nach.

»Si, Signore.«

»Sie sind von Beruf...?«

»Ja, sehen Sie... Ich war mal Nachrichtensprecher, aber...«

»Sie sind, wie Sie mitteilten, eingebürgerter Amerikaner?«

»Si, Signore. Es ist besser...«

»Sie lebten also mit Unterbrechungen in den letzten zehn Monaten in den Vereinigten Staaten?«

»Si, Signore.«

»Kamen Sie während Ihres Aufenthalts in den Vereinigten Staaten jemals in Kontakt mit dem Verblichenen?«

»Nie. Aber ich kenne diesen Typ.« Temperamentvoll stemmte er die Hände in die Hüften unterhalb der offen getragenen gestreiften Anzugweste. »Oh, ja. Der ist äußerst respektierlich, ungemein vornehm gekleidet, jedoch unter der Oberfläche, da ist alles falsch. Aus meiner Erfahrung heraus würde ich sagen, er war ein großer Ganove.«

Acheseau schmunzelte. »Ihre Einschätzung stimmt recht gut. Ruchard war...«

Wieder erfolgte dieses Flüstern ins Ohr des Befragten.

Er verkniff sich ein Gähnen. »Habe ich es Ihnen nicht gesagt? Ich habe gelernt, sehr scharfsinnig zu sein..., in Gesichtern zu lesen. Das ist unumgänglich. Ich werde Ihnen...«

Abermals ließ man ihn nicht ausreden. »Monsieur, bitte bleiben Sie bei der Sache.«

»Scusi..., pardon..., Verzeihung!«

»Schildern Sie mir, wenn Sie so gut sein mögen, en détail Ihre Bewegungen der vergangenen Nacht.«

»Mit Vergnügen. Ich bin im ZugCafé geblieben, solange ich konnte. Es war amüsanter. Ich spreche mit dem deutschen Gentleman. Er ist vom Escort-Service. So eine Tätigkeit könnte mich gleicherweise interessieren... Zu guter Letzt gehe ich zurück auf meinen Platz. Der Deutsche auf dem Sitz gegenüber hat, glaube ich, Leibschmerzen. Er stöhnt fast ununterbrochen. Kurze Zeit danach schlafe ich. Jedes Mal, wenn ich wach werde, höre ich ihn stöhnen.«

»Wissen Sie, ob er irgendwann von seinem Sitz verschwand?« Lauernd kniff Acheseau die Augen zusammen.

»Das glaube ich nicht. Das hätte ich mitbekommen. Man wird automatisch wach und glaubt, es ist eine Zollkontrolle an irgendeiner Grenze.«

»Zum Sauerland...? Was haben Sie denn geraucht?«

»Nur Zigaretten, ist aber schon was her.«

»Danke. Das ist alles vorerst.«

Damit war der Italo-Amerikaner entlassen.

Trouc fühlte sich bestätigt. »Er ist seit geraumer Zeit in Amerika. Und er ist Italiener, und Italiener benutzen Messer! Und sie sind ausgezeichnete Lügner! Ich mag keine Italiener.«

»Ça se voit.« Acheseau strebte nach Relativierung. »Nun, es mag sein, dass Sie Recht haben, ich weise Sie hingegen darauf hin, mein Freund, dass es so gar keinen Hinweis gegen diesen Mann gibt.«

»Und wie steht es mit der Psychologie? Stechen Italiener nicht zu?« Er wollte nicht locker lassen.

»Sicherlich. Besonders in der Hitze eines Streits. Aber dies... dies hier ist eine andere Form von Vergehen. Ich habe die fixe Idee, mein Freund, dass dieses Verbrechen minutiös sorgfältig geplant und durchgeführt wurde.«

Er nahm die beiden verbliebenen Identitätsnachweise zur Hand und entschied sich. »Lassen Sie uns jetzt Madame van Nebben-Aan vernehmen.«

Cori van Nebben-Aan

»Ihr Name ist Madame van Nebben-Aan, und Sie sind siebenunddreißig Jahre alt?«

»Ja.« Zugänglich hätte anders geklungen.

»Madame, was haben Sie uns über den Vorfall der gestrigen Nacht mitzuteilen?«

»Ich fürchte, ich habe Ihnen nichts darzulegen. Ich habe geschlafen.« Ihr Gesicht harmonierte nicht recht mit ihrem Tonfall.

»Nimmt es Sie sehr mit, Madame, dass eine schwere Straftat in diesem Zug begangen wurde?« Den Fingerzeig, sich zu setzen, nahm sie dankbar auf.

»Ich verstehe Sie nicht richtig.« Noch wusste das Gesicht keinen passenden Ausdruck.

Acheseau ließ nicht locker. »Es ist eine total einfache Frage, die ich gestellt habe, Madame. Ich werde sie wiederholen. Nimmt es Sie sehr mit, Madame, dass eine schwere Straftat in diesem Zug begangen worden sein soll?«

»Von der Warte habe ich es noch nicht betrachtet. Nein, ich kann nicht behaupten, dass es mich in irgendeiner Weise berührt.« Ihr Gesicht hatte sich gefangen.

»Ein Verbrechen... ist für Sie Teil des Alltagsgeschäfts, ja?«

»Es ist natürlich unschön, dass das vorgefallen ist.« Ihr Gesicht war sich sicher nun.

»Sie sind ausnehmend kühl, Madame.«

»Ich dachte, das wären Sie...« Ja, ihr Gesicht war sich sicher. Hatte es sogar kurzzeitig gegrinst?

»Bitte?«

»Ach nichts... Nein, ich fürchte, ich kann keinen hysterischen Anfall haben, um meine Sensibilität unter Beweis zu stellen. Außerdem sterben täglich Menschen.« Sie äugte auf die Fingernägel ihrer rechten Hand, hauchte kurz, aber intensiv darauf und polierte sie am Revers Ihres apricotfarbenen Kostüms.

»Sie sterben, das ist zutreffend. Dennoch, Mord ist schon ein wenig seltener.«

»Gewiss doch.«

»Sie waren mit dem Opfer nicht bekannt?«

»Ich habe ihn gestern zum ersten Mal gesehen.«

»Wissen Sie, wer der Mann, Ruchard, in Wirklichkeit war, Madame?«

»Mevrouw Stubbard gibt es allen gegenüber zum Besten.« Sie sprach den Namen naturgemäß wieder niederländisch aus.

»Und was ist Ihre Meinung zu dem Fall?«

»Es ist schon abscheulich.« Immerhin zeigte ihr Gesicht eine leichte Aversion.

»Sie haben die Reise in Marsberg angetreten, schätze ich, Madame van Nebben-Aan?«

»Ja.«

»Was haben Sie in Marsberg gemacht?«

»Ich habe in der Nähe des Markts eine Anstellung gehabt.«

Der obligatorische Themenwechsel schloss sich an. »Und... welche Farbe hat Ihr Morgenmantel?«

»Die Farbe...? Naturbelassene Wolle.«

»Haben Sie noch einen weiteren Morgenmantel, Madame? Eventuell einen eisblauen?«

»Nein, das ist nicht meiner.«

»Wessen denn?«

Ihre Gesichtszüge übten das Entgleisen. »Keine Ahnung. Was meinen Sie?«

»Sie äußern nicht: ›Nein, so einen besitze ich nicht.‹ Sie sagen: ›Das ist nicht meiner.‹... und meinen damit, dass er jemand anderem gehört.«

Ihr Gesicht nickte.

»Jemandem in diesem Zug?«

Wieder dieses Nicken. »Ja.«

»Wessen ist er?«

»Das habe ich bereits gesagt. Ich weiß es nicht. Ich wurde heute Nacht mit dem Gefühl wach, dass der Zug bereits geraume Zeit gestanden hatte. Ich öffnete die Augen und schaute den Gang hinunter. Ich sah jemand in einem eisblauen Kimono ein Stück weiter den Gang hinunter.«

»Und Sie haben keine Ahnung, wer es war? War die Person blond oder dunkel oder grauhaarig?«

»Das kann ich nicht sagen.« Ihr Gesicht machte die passenden Seitwärtsdrehbewegungen. »Sie trug eine wollene Nachtmütze, und ich sah nur ihren Hinterkopf.«

»Und ihre Statur?«

»Groß, aber untersetzt würde ich meinen, aber es ist schwer zu sagen. Der Kimono war mit einem Pinguin bestickt.«

»Ja, das stimmt, ein Pinguin.« Dr. Piepenbrink nickte eifrig.

»Sie dürfen gehen, Madame.« Acheseau winkte mit der Hand. Festen Schrittes stapfte die Niederländerin trotz ihrer schwarzen High Heels aus dem Abteil. Acheseau schwieg eine Minute, murmelte sodann vor sich hin. »Ich begreife es nicht. Ich begreife es nicht. Kein bisschen davon macht Sinn... Ich habe eine Schwachstelle gesucht, mein Freund.«

»Eine Schwachstelle?« Der Bahnverantwortliche verstand nicht einmal Bahnhof.

»Ja... in der unerschütterlichen Ruhe der Dame.«

»Sie verdächtigen sie. Doch warum? Sie scheint eine ausgesprochen charmante junge Dame zu sein... die letzte Person in der Welt, die in eine derartige Gräueltat verwickelt sein sollte.«

»Da stimme ich zu. Sie ist kalt.« Die Diagnose klang nüchtern. »Sie hat keine Gefühle. Sie würde einen Mann nicht erstechen; sie würde ihn vor Gericht zerren.«

»Nun...« Acheseau ging einfach über die These hinweg und griff nach dem letzten Ausweis. »...zu dem letzten Namen auf unserer Liste: ›Belle, Friseurin‹.«

»Die wieder in der Hosenruine? Meine Mutter hätte so etwas nicht einmal zum Putzen angezogen!«

»Seien Sie so nett und schreiben Ihren vollen Namen und Ihre Adresse auf, Madame Belle.« Acheseau war die Liebenswürdigkeit in Person.

Sie tat wie geheißen, nicht ohne zuvor noch ihre türkisfarbene, aber atmungsaktive Cloche an der hängenden Krempe zurück auf die hübschen kleinen Ohren zu ziehen.

»Wir müssen so viel wie möglich über das in Erfahrung bringen, was letzte Nacht vor sich gegangen ist.«

»Ich weiß nichts, Monsieur.«

»Nun, Sie wissen zum Beispiel, dass Sie gestern Abend Ihrer Chefin gegenüber Platz nahmen?« Der Detektiv probierte es kleinschrittig.

»Das ja.«

»Erinnern Sie sich an den Zeitpunkt?«

»Es muss kurz nach halb zwölf gewesen sein. Die Baronin schnarchte längs...«

Acheseau nickte. »So, so.«

Madame Belle wurde gesprächiger. »Es war etwas ungewöhnlich, Monsieur. Die gnädige Frau hat nicht oft nachts geschnarcht.« Sie bückte sich, um den waagerechten Riss in ihrer verwaschenen Jeans zurechtzuziehen. Darunter kam wieder das tintenblaue Pflaster zum Vorschein. »Gestern Nacht aber hat sie, so scheint es, ausgezeichnet geschlafen.«

»Eh bien, also hatten Sie einen Schlafrock an?«

»Nein, Monsieur, ich hatte ein paar Kleidungsstücke an. Ich mag mich nicht im Schlafrock in Sichtweite der Baronin aufhalten.«

»Und dabei ist es ein hübscher Schlafrock... eisblau, n'est-ce pas?«

»Nein, ey! Es ist ein Schlafrock aus dunkelgrünem Loden, Monsieur.«

»Ah! Fahren Sie fort. Ein kleiner Scherz meinerseits, das ist alles. Fahren Sie fort.«

»Weiter nichts, Monsieur.«

Der Detektiv musste konkreter werden. »Und Sie sahen niemanden auf dem Gang?«

»Nein, Monsieur.«

»Sie sahen nicht beispielsweise eine Dame in einem eisblauen Kimono...?«

»...mit einem Pinguin darauf?« Dr. Piepenbrink hatte wohl keinen blassen Schimmer, weswegen diese seinerseits für essentiell erachtete Ergänzung immer wieder weggelassen wurde.

»Nein, wirklich nicht, Monsieur. Außer dem Kontrolleur ist keiner da gewesen. Alle haben geschlafen.«

»Waren Sie jemals in Amerika, Madame Belle?« Wie bereits zuvor an dieser Stelle der Fahrgast-Befragung bekamen Acheseaus Augen diesen lauernden Ausdruck.

»Nie, Monsieur. Es muss ein schönes Land sein.« Dem einstigen Tierarzt entfuhr ein »pffft«.

Acheseau würdigte ihn keines Blickes, sondern konzentrierte sich auf seine Rolle. »Ihnen ist vielleicht zu Ohren gekommen, wer der Ermordete in Wirklichkeit war...«

»Ja, ich habe davon gehört, Monsieur. Es ist abscheulich... niederträchtig.« Sie wischte eine winzige Träne aus dem linken inneren Augenwinkel. »Der gute Gott sollte solche Dinge nicht zulassen.«

»Es war ein verabscheuenswürdiges Verbrechen.« Entschlossen erklärte der Detektiv ihre Einstellung für zutreffend, zog jedoch zeitgleich ein Stück Stoff aus der Tasche und reichte es ihr. »Ist dies Ihr Taschentuch, Madame Belle?«

»Ah! Nein, echt nicht. Es ist nicht meins, Monsieur.«

»Es trägt das Initial »B«, sehen Sie«, bohrte er nach. »Darum dachte ich, er wäre Ihres, Madame Belle.«

»Ach! Monsieur, das da ist ein Herren-Taschentuch. Ein unerträglich billiges Taschentuch... von einem Discounter, allerdings handbestickt.« Mit der Zunge drehte sie ihr seitlich nach links versetzt angebrachtes Unterlippen-Piercing von einer Titankugel zur anderen.

»Es ist also nicht Ihres... und Sie wissen auch nicht, wessen es ist?«

»Ich?« Es klang, als wäre eine solche Mutmaßung völlig abstrus. »Nee, bestimmt nicht..., Monsieur!«

Eine Prophezeiung

»Diese Angelegenheit macht unübersehbar befremdliche Fortschritte.« Sèrecule Acheseau gönnte seinem Notizenfluss eine Unterbrechung.

Monsieur Trouc hatte erhebliche Bedenken. »Sie macht überhaupt keine. Sie bleibt, wo sie war.« Er nickte heftig zur Bekräftigung.

»Nein, das entspricht nicht dem Sachverhalt. Wir haben Fortschritte gemacht. Wir wissen so Verschiedenes. Wir hörten die Einlassungen der Fahrgäste.«

»Und was sagen uns die? Absolut gar nichts«, schnaubte der Bahn-Offizielle.

»Ich weiß, ich weiß genau, wie Sie sich fühlen. Es dreht sich in der Birne, nicht wahr?«

»Das Ganze ist ein Hirngespinst!« Der Ex-Tierarzt schüttelte den Kopf, ebenfalls heftig.

»Ja, nicht wahr? Es ist so verrückt, mein Freund, dass mich manchmal das Gefühl überkommt, dass es in Wirklichkeit höchst simpel sein muss... Aber das ist nur eine von meinen fixen Ideen.«

»Zwei Mörder. Und das im Sauerland-Express. Womit wir wieder bei der Shakespeare-These wären.« Er mochte es nicht fassen.

»Und nun lassen Sie uns das Phantasiebild noch phantastischer machen. Gestern Nacht gab es im Zug eine mysteriöse Fremde... eine Frau in einem eisblauen Kimono.«

»Mit einem Pingu...« Er drang nicht durch, auch nicht bei den nächsten zwei Gelegenheiten.

»Wer ist sie? Keine Person im Zug gibt zu, einen eisblauen Kimono ihr oder sein eigen zu nennen. Wo ist sie? Und, im Übrigen, wo ist der eisblaue Kimono?«

Trouc schöpfte ein Quäntchen Mut. »Ah! Das ist etwas Greifbares. Wir müssen das Gepäck aller Reisenden durchsuchen. Ja, das wäre doch ein Ansatz.«

»Ich werde eine Prophezeiung abgeben.« Acheseau überraschte seine Mitstreiter.

Wie aus einem Munde ertönte die Mutmaßung der beiden. »Sie ahnen, wo er ist?«

Der Angesprochene ließ sich nicht beirren. »Man wird das fragliche Kleidungsstück im Gepäck eines der Männer finden.«

Ein eisblauer Kimono

Entnervt schüttelte Dr. Piepenbrink seine grauen Locken. »Das war das letzte Gepäckstück. Es hat bei keinem der Reisenden irgendein Ergebnis zu Tage gebracht, nicht einmal bei dem großen Italiener oder dem Diener.«

»Was jetzt?« Sein Partner wirkte nicht minder enttäuscht, hatte er doch enorme Hoffnung in den Ermittler gesetzt.

Der einstmalige Veterinär starrte ihn an und übte sich in Ironie. »Wie äußerte sich unser bedeutender Detektiv so sehr cool?«

Der Gesprächspartner schlug augenblicklich in die gleiche Kerbe. »Sehr kühl...«

»Sèrecule, genau... Er sagte so ungefähr: ›Wir wissen nun alles, was im Bereich des Möglichen liegt. Wir haben die Aussagen der Reisenden, das Untersuchungsergebnis des Gepäcks, unseren Augenschein. Wir können keine anderweitige Hilfe erhoffen. Es ist jetzt an uns, unser Hirn in Aktion zu versetzen.‹«

Ein in Gedanken versunken wirkender Acheseau kam ins ZugCafé, einen eisblauen Kimono über dem Arm. Es war unverkennbar, dass er die beiden anderen gar nicht wahrnahm. »So... So ist das. Er war in meinem Koffer. Eine Herausforderung. Schön, schön. Ich nehme sie an.«

Dr. Wilhelm Piepenbrink entriss ihm das Kleidungsstück buchstäblich, packte es bei den Schultern, beäugte konzentriert die Rückenpartie und murmelte wie hypnotisiert: »Ich krieg die Pimpernellen... Der Pinguin!«

Pause

Liebe Leser:innen! Es ist an der Zeit, sich eine Pause zu gönnen, eine Pause mit einem wohlgeformten Glas, gut gefüllt mit..., um Kraft zu schöpfen für das schier Unfassbare und... was noch folgen mag.

Anhaltspunkte

»Das ist ja alles schön und gut. Aber was haben Sie denn, wovon Sie ausgehen können?« Monsieur Trouc war mit seinem Latein am Ende, mit den anderen Sprachen aber nicht minder.

»Die Ausführungen der Reisenden beinhalteten so allerlei Anhaltspunkte.« Acheseau wollte ihn wohl aufrichten.

»Tatsächlich. Das habe ich nicht registriert.«

»Das kommt, weil Sie nicht zugehört haben.«

»Na, so sagen Sie mir...,« Wollte der Angeredete jetzt aufbrausend werden? »...was habe ich verpasst?«

»Ich werde nur ein Beispiel herausgreifen...« Wie zuvor, fühlte er sich offenkundig bemüßigt, ihm die Segel aus dem Wind zu nehmen. Es hatte beim ersten Mal ja auch Wirkung gezeigt. »Die erste Darlegung, die wir hörten, war die des jungen McClean. Er äußerte einen, meiner Meinung nach, ungemein signifikanten Satz.«

»Über die Mails?«

»Nein, nicht über die Mails. Soweit ich mich erinnere, waren seine Worte: ›Wir reisten umher. Mr. Ruchard wollte den Norden der Bundesrepublik sehen. Er war gehandikapt, weil er kein Wort Plattdeutsch verstand. Ich war eher sein Dolmetscher als sein Sekretär, zumindest hier in Westfalen. Sie können sich vorstellen, dass das ein angenehmes Leben war, woll?‹«

»Dat is richtig!« Dr. Piepenbrink war so begeistert, dass er vorübergehend ins Plattdeutsche verfiel. »Oh Herre, wat warn wir panne! Dat harrn wi marken mösst! Jetzt kann ich endlich Ihr Zögern nachempfinden, sich auf das Indiz der verbeulten Uhr zu verlassen. Um dreiundzwanzig Uhr dreißig war Ruchard längst tot...«

»Man sollte prinzipiell nur einen Schritt auf einmal machen. Wir haben keinen stichhaltigen Beweis, dass Ruchard zu dem Zeitpunkt bereits in den Sonnenuntergang geritten war. Howgh!«

»Da ist noch der Schrei, der Sie aufgeweckt hat.« Bernard Trouc riss sich seinen flachen, schwarzen Filzpfannkuchen vom Kopf und probierte es zur Beruhigung mit dessen Zusammenknüllen.

»Ja, das trifft zu.« Er ließ sich nicht aus der Ruhe bringen.

»Was in aller Welt sagt Ihnen dann die Uhr?« Angespannt bis zum Letzten bohrte er seinen linken kleinen Finger so weit möglich durch die ovale Schlaufe auf der Mitte des wärmenden Runds.

»Falls die Zeiger verstellt wurden..., ich sage falls..., so muss die Zeit, auf die sie gestellt wurden, von Bedeutung sein. Die natürliche Reaktion wäre, jemanden zu verdächtigen, der für die angegebene Zeit, in diesem Fall dreiundzwanzig Uhr dreißig, ein verlässliches Alibi hat, also eines ohne jeglichen H-Riss.«

Dr. Piepenbrinks Begeisterung ließ nicht nach. »Ja, ja, der Gedankengang ist exquisit.«

Acheseau spann den Gedanken fort. »Wir müssen ebenfalls dem Zeitpunkt einige Aufmerksamkeit widmen, an dem ein potentieller Eindringling den Wagen hätte betreten können. Wann hatte er dazu Gelegenheit? Angenommen, dass wir eine Komplizenschaft des echten Kontrolleurs außen vor lassen, bleibt bloß ein Zeitpunkt, an dem er das hätte bewerkstelligen können... während des Aufenthalts in Brilon Wald.«

Angespannt vor Optimismus, streckte Bernard Trouc beide Arme in die Luft, wie in Erwartung eines erfolgreichen Torschusses des Linksaußen seines Lieblingsvereins oder um wie ein Autoscooter von einem elektrisch geladenen Drahtnetz knapp unterhalb der Decke Energie zu beziehen.

Der Ermittler ließ sich nicht ablenken. »Nachdem der Zug Brilon Wald verließ, saß der Kontrolleur mit dem Gesicht zum Gang, und wohingegen jeder der Reisenden einen Kontrolleur kaum beachtet hätte, so ist der einzige Mensch, der einen Gabel-... äh... Hochstapler hätte zur Kenntnis nehmen können, der waschechte Kontrolleur. Aber während des Halts in Brilon Wald ist der Kontrolleur draußen auf dem Bahnsteig. Die Luft ist rein.«

»Und aufgrund unserer im Vorfeld angestellten Schlussfolgerungen muss es ein Reisender sein. Wir sind wieder da, wo wir waren.« Der Eisenbahner ließ entnervt die erhobenen Hände auf den Stehtisch sinken. Er hatte den Kontakt zur energiespendenden Oberleitung verloren.

Nachdenken

Die drei Männer überdachten den Fall, jeder für sich, jeder auf seine Weise. Ein gebückt stehender Trouc hatte beide Ellenbogen auf den Tresen und sein Kinn auf beide Fäuste gestützt. Er brütete dumpf vor sich hin. In regelmäßigen Abständen richtete er sich minimal auf, nur um zur Konzentrationssteigerung die Ellenbogen sofort wieder hart auf der furnierten Buchenplatte aufzusetzen.

Dr. Wilhelm Piepenbrink seinerseits kauerte auf der obersten Stufe der Treppe hinauf zum Dienstabteil. Sein Kopf ruhte auf den Knien; die Hände waren im Nacken verschränkt. Er atmete hörbar tief und gleichmäßig.

Sèrecule Acheseau saß rittlings auf dem mittleren Klappsitz, die Stirn an die kühlende Fensterscheibe gelehnt. Er war völlig still. Man mochte meinen, er schliefe. Zuletzt platzte es aus ihm heraus. »Allein, im Grunde genommen, pourquoi pas? Und falls es so ist... nun, gleichwohl, das würde alles erklären.« Seine Augen öffneten sich. »Eh bien. Ich habe nachgedacht und Sie?«

Dr. Piepenbrink und Monsieur Trouc schraken ordentlich zusammen, als es dermaßen aus Acheseau heraussprudelte.

Der Ermittler begann, gedankenverloren das Muster des Sitzbezugs am Nachbarsitz mit dem rechten Mittelfinger nachzufahren. Wenige Sekunden später unterbrach sein Mittelfinger seine Fahrt und streckte sich senkrecht nach oben. Für einen kurzen Augenblick sah es missverständlich aus. Dabei hatte er nur das Zählen der dunkelblauen Karos eingestellt.

»Hehe, und schlägt die Stirn auch Falten, wir bleiben doch die alten!«

Trouc fasste sich als erster. »Ich habe gleichfalls gegrübelt. Zu einem Schluss bin ich allerdings nicht gelangt. Die Aufklärung von Kriminalfällen ist Ihr Metier, nicht meins, mein Freund.«

Der ehemalige Veterinär schloss sich ihm umgehend an. »Ich habe auch sinniert... über eine ganze Reihe möglicher Theorien, aber keine hat mich letztlich befriedigt.«

Der Dritte ließ nicht locker. »Meine Freunde, ich ließ die Fakten gedanklich Revue poussieren, und ging für mich die Aussagen der Reisenden durch... mit folgendem Ergebnis. Ich sehe, zwar noch nebulös, eine gewisse Interpretation, die die Tatsachen, soweit wir sie bisher kennen, abdecken würde. Es ist eine bemerkenswert kuriose Erklärung, und ich kann noch nicht sicher sein, dass es die richtige ist. Um das endgültig herauszufinden, werde ich das eine oder andere Experiment durchführen müssen. Und dazu hätte ich gerne, wie gehabt, die komplette Corona hier beisammen.«

Ankündigung

Acheseau hatte sich mit dem Tierarzt-Rentier zusammen zu Monsieur Trouc an den Tresen gesellt. Er richtete das Wort an die versammelte Fahrgemeinschaft. »Ich werde mit jeder und jedem von Ihnen noch diverse Worte auswechseln müssen. Dazu werde ich Sie abermals mehr oder weniger einzeln herbitten. Einstweilen einen guten Tag.«

Nun war die im ZugCafé versammelte Gesellschaft im Aufbruch begriffen. Man redete fast gar nicht. Der Graf und die Gräfin waren die letzten, die sich anschickten, das ZugCafé zu verlassen. Als sie sich langsam in Richtung Tür bewegten, sprang Acheseau auf und folgte ihnen.

»Pardon, Madame, Sie haben Ihr Taschentuch fallen gelassen.« Er hielt ihr das Stoffquadrat mit Monogramm entgegen. Sie nahm es in die Hand, warf einen Blick darauf und gab es ihm unmittelbar zurück, begleitet von einem vornehmen Schütteln der blonden Locken. »Sie irren sich, Monsieur, das ist nicht mein Taschentuch.«

»Nicht Ihr Taschentuch? Sind Sie sicher?« Nachhaken schien nochmals Rat der aktuellen Stunde zu sein.

»Vollkommen sicher, Monsieur.«

»Und dennoch, Madame, hat es Ihr Initial... das Initial ›B‹.«

»Ich kann nicht folgen, Monsieur. Meine Initialen sind ›A‹...«

Acheseau schnitt ihr das Wort ab. »Wer ›A‹ sagt, muss auch ›B‹ sagen.«

»Meine Initialen sind ›A. N.‹, nicht ›A. B.‹.«

»Ach so. Als Nächstes, Madame, verlange ich, dass Sie gründlich überlegen, bevor Sie diese Frage beantworten. Haben Sie, seit Sie in diesem Zug sind, irgendjemanden gesehen, den Sie wiedererkannten?«

»Ich? Nein, niemanden.«

»Wie steht es mit Baronin Brundula von Brause?«

»Oh, sie? Sie kenne ich selbstverständlich. Ich war im Glauben, Sie meinten irgendwen... irgendwen von... von...«

»Von...? Von...? Ja, Madame? Ja, von früher?«

Acheseau hätte man sich gleichwohl im weißen Kleid, mit Flügeln auf dem Rücken und einer Leier im linken Arm vorstellen mögen, so sehr frohlockte er. »Sie sehen, wir kommen voran.«

»Exzellente Arbeit. Ich für meinen Teil, ich hätte nie davon geträumt, den Graf und die Gräfin Nie zu verdächtigen.« Trouc ließ sich anstecken von der guten Laune.

»Sie sind tatsächlich ziemlich überzeugt von der Schuld der Gräfin.«

»Mein lieber Freund, es besteht kein Zweifel, oder? Ich dachte, Ihr beruhigendes Naturell hätte lediglich dazu gedient, die Lage zu entkrampfen, bis wir aus dem Geröll und Schlamm ausgegraben sind und die Polizei den Fall übernimmt.«

»Sie vertrauen nicht der Zusicherung, dem Ehrenwort des Grafen, dass seine Frau unschuldig ist?«

»Mon cher, natürlich... was sonst könnte er sagen? Er betet seine Frau an. Er will sie retten! Er kann ausgezeichnet lügen... ganz im Stil eines Grandseigneurs, denn was anderes als eine Lüge kann das gewesen sein?«

Acheseau nahm ihm wieder einmal die Segel aus dem Wind. »Schauen Sie, ich hatte den absonderlichen Einfall, es könnte sich um die Wahrheit handeln.«

Noch einmal der Kirchenvertreter

Das Interieur des ZugCafés bemerkte einen zutiefst verärgerten Bischof Berdochnoch hereinstürmen. »Nun?«

»Verzeihen Sie vielmals, dass wir Sie ein zweites Mal beanspruchen.« Acheseau verkniff sich eine unpassendere Bemerkung. »Allerdings gibt es noch einige Informationen, von denen ich überzeugt bin, dass Sie sie uns geben können.«

»Tatsächlich? Das glaube ich kaum.«

»Um damit zu beginnen, Sie sehen diesen Pfeifenreiniger?«

»Ja.«

»Ist es einer von Ihren?«

»Weiß ich nicht. Ich markiere sie nicht, wissen Sie.«

»Sind Sie sich dessen bewusst, Bischof Berdochnoch, dass Sie der einzige Mann unter den Reisenden im ZugCafé-Wagen sind, der Pfeife raucht?«

Berdochnoch zog die einzig mögliche logische Schlussfolgerung. »So gesehen, ist es wahrscheinlich einer von meinen.«

»Wissen Sie, wo er gefunden wurde?«

»Nicht die leiseste Ahnung.«

»An Monsieur Ruchards Platz.« Seine Faust schlug hart auf den Tisch, wie wenn sie einen Trumpf ausgespielt hätte. Für den Bruchteil einer Sekunde waren die weißen Einsprenkelungen an der so getroffenen Stelle in der blauen Kunststeinbeschichtung der Tischplatte unschlüssig, ob sie sich nicht tunlichst um das

Epizentrum des Aufschlags herum ausrichten sollten wie Eisenfeilspäne um einen Magnetpol. »Nun mal unter uns Pastorenschwestern, mögen Sie uns mitteilen, Exzellenz, wie er womöglich dorthin gelangt ist?«

»Falls Sie damit meinen, dass ich ihn an der Stelle selbst fallen gelassen habe, nein, habe ich nicht.« Trotz lag in seiner gedämpften Stimme.

»Kamen Sie jemals in die Nähe von Mr. Ruchards Platz?«

»Ich habe nicht einmal mit dem Mann gesprochen.«

»Sie haben nie mit ihm gesprochen und Sie töteten ihn nicht?«

»Und wenn ich hätte, wäre es in geringem Maße wahrscheinlich, dass ich Sie mit der Tatsache vertraut machen würde. Kurzum, ich habe den Knaben nicht umgebracht.«

»Ah, gut, es ist nicht von Bedeutung.« Der Detektiv gab den Anwesenden einmal mehr Anlass zur Verwunderung.

»Wie bitte?« Der Bischof glaubte unverkennbar, falsch gehört zu haben.

»›Plappern gehört zum Mundwerk‹ habe ich mal einen schlauen Menschen dozieren hören... Ich sagte, es ist nicht von Bedeutung.«

»Oh!« Mehr fiel ihm nicht ein.

Acheseau augenscheinlich wohl. »Weil, sehen Sie, der Pfeifenreiniger, er ist nicht von Bedeutung. Ich kann mir elf weitere sehr gute Gründe für seine Anwesenheit ausmalen.«

Noch einmal die Niederländerin

»Sie wünschten mich zu sprechen?« Mevrouw Cori van Nebben-Aan blickte Acheseau tief in die stahlgrauen Augen.

»Ich sehe mich gezwungen, Sie zu befragen, Madame, weshalb Sie uns heute Morgen belogen haben?« Sein Seitenblick galt dem Bischof.

»Sie belogen?« Die Frage klang wie gestellt von der Unschuld vom Lande. »Ich habe keine Ahnung, was Sie meinen.«

»Sie verheimlichten die Tatsache, dass Sie in Amerika waren.«

Nach einem Atemzug des Schreckens lenkte sie ein. »Ja, das stimmt.«

»Nein, Madame, es stimmt nicht.«

»Sie haben mich missverstanden. Ich meine, dass es stimmt, dass ich Sie belogen habe.«

»Ah, Sie geben es zu?«

»Gewiss. Weil Sie mir auf die Spur gekommen sind.«

»Sie sind zumindest offen, Madame.« Es klang annähernd nach Bewunderung.

»Es scheint mir nichts anderes übrig zu bleiben.«

»Nun, das ist gewiss richtig. Und jetzt, Madame, darf ich Sie nach dem Grund für diese Ausflüchte fragen?«

»Ich hätte angenommen, Monsieur Acheseau, der Grund spränge so recht ins Auge.«

Der Angesprochene wischte sich mit dem rechten Zeigefinger durch den äußeren rechten Augenwinkel.

Sein kontrollierender Blick scannte die Fingerkuppe. »In meines springt er nicht, Madame.«

»Ich muss meinen Lebensunterhalt verdienen.«

»Sie meinen...?« Das klang jetzt nicht unbedingt nach einem Plan.

»Was ahnen Sie davon, Monsieur Acheseau, von dem Kampf, eine geeignete Anstellung antreten und behalten zu dürfen? Glauben Sie, dass ein Mädchen, dass man im Zusammenhang mit einem Mordfall festgenommen hat, dessen Namen und womöglich Fotos in den Zeitungen abgedruckt hat... glauben Sie, dass irgendeine nette, gewöhnliche Frau der niederländischen Mittelklasse das Mädchen als Kindermädchen engagieren würde?«

»Ich sehe zwar nicht, warum nicht..., wenn ihm keine Schuld nachzuweisen ist.«

»Oh, Schuld... es geht nicht um Schuld... es geht um öffentliches Interesse! Bislang, Monsieur Acheseau, war ich im Leben recht erfolgreich. Ich hatte gut bezahlte, angenehme Stellungen. Ich wollte die gewonnene Position nicht ohne guten Grund riskieren.«

»Ich werde mir erlauben...«

Der kirchliche Würdenträger mischte sich ein. »Frau van Nebben-Aan hat mit der Sache keinen Deut zu schaffen... nichts, hören Sie? Und wenn Sie sie beunruhigen oder aufregen, bekommen Sie es mit mir zu tun.« Er legte ihr den Arm um die Schulter und drängte sie behutsam, aber sehr bestimmt aus dem ZugCafé.

Ein zufrieden grinsender Ermittler strahlte seine Mitverantwortlichen an. »Ich mag verärgerte Sauerländer. Sie sind so amüsant. Je emotionaler sie sich fühlen, desto weniger Kontrolle haben sie über ihre Sprache.«

Noch einmal der Italiener

»Jetzt würde mich nichts mehr überraschen. Nichts! Selbst falls jedem im Zug eine Beteiligung an dem Tötungsdelikt nachgewiesen würde, würde ich keine Überraschung mehr bekunden.« Bernard Trouc gab klein bei.

»Das ist eine höchst tiefschlürfende Bemerkung. Möchten Sie hören, was Ihr Lieblingsverdächtiger, der Italiener, vorzubringen hat?«

»Werden Sie noch einen Ihrer berühmten Rateversuche unternehmen?«

»Haargenau.«

»Na, Louc, dann holen Sie mal den Ringo Zabaioni her!«

Lou Louc hielt sich ran, der Aufforderung nachzukommen.

»Es ist ein höchst außergewöhnlicher Fall.« Dr. Piepenbrink zählte eine Anzahl Flaschen aus seiner Tragetasche auf den Stehtisch.

»Nein, es ist ein absolut natürlicher.« Acheseau zählte sie zurück in die Tragetasche.

»Wenn Sie das natürlich nennen, mon ami...«

Der Italiener kam und echauffierte sich sogleich. »Was wollen Sie? Ich habe nichts auszuplaudern... nichts, hören Sie! Per dio...«

Acheseau blieb reglos. »Ja, Sie haben noch mehr zu verraten. Die Wahrheit!«

Das wasserblaue Augenpaar unter der kleinkarierten Schiebermütze stutzte. »Die Wahrheit?« Dachte er auch so kleinkariert?

»Mais oui. Es mag sein, dass ich sie schon kenne. Jedoch wird es ein Punkt zu Ihren Gunsten sein, wenn sie spontan von Ihnen geäußert wird.«

»Sie reden wie die amerikanische Polizei. ›Machen Sie reinen Tisch.‹ Das ist, was die sagen... ›Machen Sie reinen Tisch.‹«

Acheseaus Augen schalteten erneut auf Lauern um. »Ah! So haben Sie also Ihre Erfahrungen mit der New Yorker Polizei gemacht?«

»Nein, nein, noch nie«, konnte Zabaioni nicht schnell genug einwenden. »Sie konnten mir nichts nachweisen... auch wenn sie sich noch so angestrengt haben.«

»Aus welchem Grund haben Sie heute Morgen gelogen?«

»Aus geschäftlichen Gründen.«

»Dann ist doch alles paletti! So sagt man doch, oder?« Zabaioni befand es nicht einmal erforderlich, ihn zu ignorieren. Er ging einfach. Ohne zu gähnen.

Noch einmal die Dänin

»Louc!«

Der kam wieder angerannt, um den neuen Auftrag entgegenzunehmen.

»Die dänische Bäckerin, bitte, Louc...«

»Bien, Monsieur.«

Der Bahn-Offizielle war der Verzweiflung nahe. »Noch jemand? Ah, nein... das ist doch nicht möglich. Ich sage Ihnen, das ist doch nicht möglich.«

»Mon cher, wir müssen es wissen. Selbst falls letztendlich jedem im Zug nachgewiesen wird, dass er ein Motiv hatte, Ruchard zu töten, wir müssen es wissen. Erst wenn wir es wissen, können wir ein und für alle Mal die Schuld abklären.« Seine begütigende Hand legte sich auf Troucs Arm. Aber der wehrte sich gegen die Berührung. »Mein Kopf dreht sich.«

Sehr vorsichtig wurde Britta Paulsson von Louc hereingeführt. Er hatte unübersehbar mitgedacht. Die Dänin weinte bitterlich.

Der Ermittler versuchte, sie zu beruhigen. »Sorgen Sie sich nicht, Madame. Sorgen Sie sich nicht. Nur einige Worte der Wahrheit, das ist alles.«

Schluchzend leerte sie ihr Herz aus. »Es stimmt... es stimmt. Aber Sie können das nicht ermessen... wenn Sie dabei gewesen wären wie ich... wenn Sie die Tragödie in vollem Umfang miterlebt hätten... ich hätte Ihnen heute Morgen beileibe die Wahrheit über mich verraten sollen. Doch ich hatte Angst... einfach nur Angst.« Sie weinte mit mehr Vehemenz als zuvor.

Acheseau klopfte ihr weiterhin sanft auf die Schulter des rosa Strickbekleidungsstücks, das seinen Namen dem siebten Earl of Cardigan verdankte. »Nun... nun... ich verstehe... ich versteh alles... alles, das versichere ich Ihnen. Ich werde Ihnen keine weiteren Fragen mehr stellen.«

Noch einmal der Diener

Maximilian Mustermann kam von selbst geradewegs auf Acheseau zu und redete in seinem gewohnt ruhigen, unemotionalen Tonfall. Auch seine Fliege saß ordentlich wie immer. »Ich hoffe, ich störe nicht, der Herr. Ich überlegte, es wäre das Beste vorbeizukommen, der Herr, und Ihnen die Wahrheit kundzutun. Ich befürchte, dass ich heute Morgen eine Tatsache verschwiegen habe. Es war ungehörig unrecht von mir, der Herr, und ich kam zu dem Schluss, ich sollte besser kommen und alles eingestehen. Ich hoffe, der Herr, dass Sie nicht Ringo in irgendeiner Weise im Verdacht haben. Ja, der Ringo... Ich kann beschwören, dass er in der vergangenen Nacht seinen Platz nie im Stich ließ.«

»Ist das alles, was Sie auszusagen haben?«

»Das ist alles, der Herr.« Weg war er wieder.

Der Flaschensammler wunderte sich aufs Neue. »Das alles ist ja noch viel unwahrscheinlicher als in jedem Roman, den ich je gelesen habe.«

Er erhielt Zustimmung.

»Von den elf Reisenden in der benachbarten Wagenhälfte...« Er wies mit dem Daumen nach nebenan. »...wurde mehr als der Hälfte nachgewiesen, dass sie eine Verbindung gehabt haben. Was jetzt, frage ich Sie?« Bernard Trouc schwankte. »Oder, sollte ich sagen, wer jetzt?«

Acheseau konnte seinen Wissensdurst stillen. »Hier kommt unser zweiter Deutscher, Monsieur Partmann.«

»Kommt er wie die anderen, um zu gestehen?« Auf eine Antwort wartete er dieses Mal vergeblich.

Noch einmal der Vermittler

Der Genannte spazierte in die Fragenarena.

»Was um Himmels Willen ist in diesem Zug los? Das ist ja eine Klapsmühle hier. So langsam denke ich, dass ich der einzige bin, der nichts mit irgendetwas hier zu tun hat! Halten Sie dagegen...? Halten Sie dagegen!«

»Das ist allerdings ein wenig überraschend.« Acheseau gab sich milde.

Trouc wehrte sich gegen das größte anzunehmende Übel. »Ah, mon cher, das würde doch wohl die Zufälligkeiten erheblich überstrapazieren. Sie können ja nicht alle darin stecken.«

»Sie überblicken das nicht. Sie überblicken es absolut nicht.« Sèrecule Acheseau schüttelte unwillig den Kopf. »Sagen Sie mir, wissen Sie, wer Ruchard getötet hat?«.

»Sie etwa?«

»Oh, ja, Ich weiß es seit geraumer Zeit. Es ist so augenfällig, dass ich mich wundere, dass Sie es nicht ebenfalls erkannt haben.« Er blickte Partmann an. »Und Sie?«

Der schüttelte bloß den Kopf. »Ich weiß es nicht. Ich weiß es rein gar nicht. Wer von ihnen ist es?«

»Wenn Sie so gut sein wollen, Monsieur Partmann, alle hier zu versammeln. Es existieren zwei mögliche Lösungen in diesem Fall.« Er nickte unübersehbar vielsagend. »Beide möchte ich Ihnen allen gemeinsam darlegen.«

Zwei Lösungen

Ein weiteres Mal drängten die Fahrgäste sich in das ZugCafé und nahmen ihre alten Plätze rund um den Tresen und die wenigen Stehtische sowie auf den Klappsitzen ein. Alle zeigten den mehr oder weniger gleichen Gesichtsausdruck, eine Mischung aus Erwartung und Besorgnis. Frau Paulsson weinte immer noch, und Waltraud Stubbard tröstete sie.

»Sie müssen sich jetzt zusammennehmen, meine Liebe. Es wird alles gut werden. Sie dürfen jetzt nicht die Fassung verlieren. Falls jemand von uns ein gemeiner Mörder ist, so können wir ja überzeugt sein, dass Sie es nicht sind. Also, man wäre ja verrückt, solch eine Vermutung auch nur anzudenken. Ich weiche nicht von Ihrer Seite; und machen Sie sich keine Sorgen.«

»Sie erlauben, dass ich bleibe, Monsieur?« Louc war es überaus ernst.

»Gewiss, Louc.« Acheseau hatte keinerlei Einwände. »Ach, Louc, ich weiß ja, dass Sie in diesen Dingen noch nicht so serviert sind… Aber wenn ich noch ein l'eau minérale versiert bekommen könnte, s'il vous plaît?« Er räusperte sich. »Mesdames et Messieurs, wir sind hier, um den Tod des Richard Roger Ruchard, alias..., gleichwohl das wissen Sie ja schon... Es haben sich zwei mögliche Lösungen für das Verbrechen ergeben. Ich werde Ihnen beide gleichermaßen darlegen, und ich werde Monsieur Trouc hier und ebenso

Dr. Piepenbrink bitten zu beurteilen, welche Lösung die richtige ist.«

Es brauchte eine Weile, bis Louc ihm seine Bestellung kredenzte, respektive was von ihr wegen seiner zitternden Hand in der Flasche geblieben war.

Sèrecule Acheseau genehmigte sich einen winzigen Schluck, danach einen zweiten und blickte wissend in die Runde. »Sie kennen bereits alle die Fakten des Falls. Mr. Ruchard wurde gestern Nacht erstochen. Man hat Kenntnis von einem letzten Lebenszeichen von ihm, als er nachts zur Toilette ging. Leider hat Madame Paulsson nicht auf die Uhr geschaut. Es wurde allerdings eine arg verbeulte Taschenuhr gefunden, und die war um halb zwölf stehengeblieben.

Um zweiundzwanzig Uhr sechsunddreißig, wie Sie alle Kenntnis haben, stoppte der Zug hier im Tunnel. Nach dem Zeitpunkt, da Monsieur Trouc von seinem Kontrollgang zurückkam und den Zug abschloss, war es für alle unmöglich, aus dem Zug zu steigen, denn die Fenster lassen sich wegen der Klimaanlage ja nicht öffnen. Die übrigen Wagen des Regional-Express sind wegen unserer ZugCafé-Einweihung spätestens seit Marsberg-Bredelar ohne Fahrgäste. Die Aussage unseres Monsieur Partmann hier, der ein Mitglied eines Escort-Service ist...«

Mehrere Köpfe wendeten sich, um einen Blick auf den Erwähnten zu werfen.

»Seine Aussage zeigt, dass der Mörder zu finden ist unter den Reisenden im Nachbarabteil des ZugCafés. Das war, will ich mal sagen, unsere Theorie.«

»Comment?« Monsieur Trouc war entsetzt.

»Jedoch werde ich Ihnen eine alternative Theorie unterbreiten«, besänftigte ihn sein Kompagnon. »Sie ist kolossal einfach. Mr. Ruchard hatte einen bestimmten Feind, vor dem er sich fürchtete. Ich möchte, dass Sie darüber im Bilde sind, Mesdames et Messieurs, dass Mr. Ruchard eine ganze Menge mehr wusste, als er vorgab. Wie von Mr. Ruchard vorausgeahnt, bestieg sein Feind den Zug in Warburg oder möglicherweise in Brilon Wald. Unser Opfer stand unter dem Einfluss eines Schlaftrunks. Dieser Mann erstach ihn mit äußerster Grausamkeit und verließ den Wagenteil in einem eisblauen Kimono...«

Dr. Piepenbrink schüttelte seine graue Haarpracht. »...mit einem Pinguin auf dem Rücken.« Warum vergaß der das nur wieder und wieder?

Acheseau spann den Gedanken weiter. »Statt das ZugCafé zu durchqueren, kehrte er zu seinem Platz oberhalb der hinteren Treppe vis-à-vis der Fahrgast-Toilette zurück... Monsieur Louc ist er ja angeblich bekannt... von wegen Gipsarm!«

Mevrouw Stubbard wirkte nachdenklich. »Ja, ich vermute, das ist möglich.«

»Wie erklären Sie die Aussage meiner Friseurin, Monsieur?« Die Baronin war nicht länger willens, nur zuzuhören.

»Sehr einfach, Madame. Ihre Friseurin erkannte das Taschentuch, das ich ihr zeigte, nicht als das ihre.«

»Sie haben an jedes Detail gedacht, Monsieur. Ich... ich bewundere Sie.«

Es trat Schweigen ein. Als dieses Mal Dr. Piepenbrink unvermittelt die Faust auf den Tisch donnerte, fuhr allen ein gehöriger Schreck ins Mark. Um die weißen Einsprenkelungen im Blau der Kunststeinplatte kümmerte sich niemand.

»Aber nein! Nein, nein, und abermals nein! Das ist eine Deutung, die einer Überprüfung nicht standhält. Sie ist hinsichtlich eines Dutzends Kleinigkeiten unzulänglich... Verdorri, Monsieur Acheseau müsste das genauso gut wissen.« Der Ex-Veterinär war hochrot im Gesicht.

Überraschung

Lächelnd betrat Richard Ruchard das ZugCafé.

»Ach so, Sie leben noch?!« Acheseaus Satz klang eher lapidar.

»Wieso sollte ich nicht?« erwiderte der Totgeglaubte.

»Das geht echt auf keine Kopfhaut... Sie sind doch erstochen worden... mit zehn, zwölf Messerstichen...«

»Nicht, dass ich wüsste.«

Dr. Piepenbrink reichte es jetzt. »Wo haben Sie denn gesteckt?«

»Ich muss zu meiner Schande gestehen, dass mich das Fahren mit diesem Zug ermüdet hat. Ich bin eingeschlafen... auf der Toilette.«

»Aber... Hatten Sie nicht alles abgesucht nach diesem Herrn hier, HERR Trouc?« Der frühere Tierarzt schien das Heft ergreifen zu wollen, das aufgeschlagen vor Acheseau lag. »Nein? Wie dem auch sei... Wollen wir mal den Tatsachen ins bloße Auge blicken. Mit wem der Anwesenden wollen wir beginnen?«

Die Baronin hatte einen Einfall. »Wie wäre es mit Ihnen selbst?«

Der Adressat blieb unaufgeregt. »Ich bin Dr. Wilhelm Piepenbrink, ehemaliger Tierarzt, heute zur Tarnung oft als Flaschensammler unterwegs, um in der Bahn nach dem Rechten zu sehen. Seit längerer Zeit bin ich hinter einer Anzahl dubioser Gestalten her...«

»Ich muss doch sehr bitten!« Die Entrüstung der Mainzerin klang absolut nicht gekünstelt.

»Honni soit qui mal y pense.« Dr. Piepenbrink lächelte verschmitzt.

Baronin von Brause hielt die Erläuterung nicht lange zurück. »›Beschämt sei, wer schlecht darüber denkt.‹ Das ist das Motto des Hosenbandordens, des angesehensten der drei damaligen Hoforden am englischen Hofe.«

Der Ex-Tierarzt gab sich beeindruckt. »Sie sind ausgemacht gebildet.«

»Sie sprechen Französisch?«

»Naturelement, Madame. Und ebenso Mandarin. Ich habe im Rahmen meines vorherigen Berufs als Veterinär an einer Qualifizierungsmaßnahme teilgenommen im Bereich ›Chinesische Hundeheilkunde‹. Herr Partmann, zeigen Sie uns doch mal das Tattoo da im Ihrem Nacken... Was steht denn da?«

»Weiß ich doch nicht«, gab der zur Antwort. »Ich habe die Schriftzeichen abgemalt und mir eins zu eins so stechen lassen.«

»Das merkt man. Soll ich Ihnen übersetzen, was da steht? Ja? Soll ich? Soll ich?« Er schien regelrecht darauf zu brennen.

»Mir völlig egal.«

»Gleich unter Umständen nicht mehr. Da steht: ›nicht billig, nicht für jeden, aber echt scharf‹ Wo haben Sie die Zeichen denn abgemalt?«

»Von einer Speisekarte in einem China-Restaurant.«

»Na, Mahlzeit... Als Ihren Broterwerb haben Sie angegeben ›Escort-Service‹?«

Partmann wurde selbstbewusster. »Stimmt ja auch. Ich vermittle Ford-Oldtimer, vorzugsweise der Escort-Baureihe der ersten Generation.«

»Eben. Und unser Chicago-Italiener, der...« Er wandte sich an den Nebenmann Partmanns. »Vervollständigen Sie den Satz!«

Und Zabaioni ergänzte: »...nicht nur früher Nachrichtensprecher, sondern darüber hinaus in Chicago bei einer Gelegenheit Thema des Tages war, als er einen recht guten Gewinn abwerfenden Autosalon für Oldtimer aufmachte.«

»Das nenne ich mal ein Joint Venture.« Dr. Piepenbrink schmunzelte.

»Wir werden erleben, was die Zukunft dessen bereit hält.« Partmann lächelte gleichfalls, zog jedoch seine Hand zurück, als sich ihr die manikürten Finger seines unterdrückt gähnenden Kollegen tastend näherten.

Dr. Piepenbrink drehte sich um zum nächsten Kandidaten. »Ja, die Zukunft... Unser Herr Bischof... oder soll ich besser sagen ›Ex-Bischof‹, Eure Ex-Exzellenz?«

Der Kirchenmann konnte sich ein Grinsen nicht gänzlich verkneifen. »Nomen ist halt Omen. Der Name ›Albert Berdochnoch‹ oder kurz, ›der schöne Albert‹, wie ich in meiner Jugend genannt worden bin, hat wohl meine Zukunft mitbestimmt, nicht wahr, Liebling?«

Mevrouw van Nebben-Aan fühlte sich angesprochen. »Ich liebe Albert. Und nicht nur, weil er Pfeifenraucher ist.«

Dr. Piepenbrink füllte die Wissenslücke seiner Zuhörer. »Demnach ist der gefundene Pfeifenreiniger...?«

»...sicherlich einer, den Albert mir zur Verfügung gestellt hat. Ich möchte demnächst ein Patent anmelden, unter der Voraussetzung, dass ich es geschafft habe, mit den Dingern etwas Vernünftiges herzustellen! Etwas, was ich gleichermaßen gut mit Kindern basteln kann.«

»Das heißt ›A – berdochnoch‹ bedeutet...?«

»Ich werde nach meinem Kirchenaustritt a – ber doch noch heiraten, und zwar meine Cori hier.« Liebevoll ergriff er ihre Hand mit der Linken. Die abgewinkelten Finger der anderen strichen zärtlich über ihre linke Make-up-freie Wange.

»Wie romantisch.« Dr. Piepenbrink gab sich gerührt.

Cori van Nebben-Aan präsentierte sogleich ihre praktische Seite. »Und dann machen wir zwei beide einen Münzwaschsalon auf...«

»...in Seiffen«, fügte ihr Verlobter schmunzelnd hinzu.

Acheseau war so irritiert, dass er versuchte, seinen Schnurrbart nach oben zu drehen. »Sind die nicht mittlerweile verboten?«

Van Nebben-Aan war entsetzt. »Nein... Wieso denn?«

»Ja, wegen des neuen EU-Gesetzes zur Unterbindung von Geldwäsche.«

Lautes Schluchzen war die Reaktion.

»Jetzt zu einem anderen Pärchen... Frau Baronin?« Dr. Piepenbrink machte zügig weiter.

»Wie jetzt?« Von Brause schien nicht mehr schlau zu werden aus der Welt.

»Ihre Friseurin...«

»Was ist mit Fräulein Belle?« Ihr gehetzter Blick ging nach rechts, wo die Betreffende an der Wand lehnte und sich anstrengte, dem Nagelbett ihres linken Daumens etwas Nahrhaftes abzugewinnen.

»FRAU Mira Belle, wie sie mit richtiger Anrede und vollständigem Namen heißt...«

Partmann hatte einen Geistesblitz. »Wie das Streuobst des Jahres 2018?«

Dr. Piepenbrink bestätigte die Annahme. »Wie das Streuobst des Jahres 2018, korrekt. Frau Mira Belle, Frau Baronin, ist in Wirklichkeit Ihre Tochter und lebt in Nancy.«

»Mirabelle de Nancy, gerade mal gut hundert Kilometer von Saarlouis entfernt...« Partmann wurde ein klein wenig keck. »Madame...«

»Vergessen Sie's!« Mira Belle ließ ihm keine Chance auszureden.

Schmollend wich Partmann zwei Schritte zurück. »Ach meneau... Er konnte sich so schnell nicht entspannen. »Ach manneaux.« Was er so für Französisch halten mochte...

Dr. Piepenbrink ließ sich ablenken. »Was macht denn Ihre Verletzung?« Sein besorgter, berufsgeschulter Blick wanderte in Richtung ihres Knies. »Haben Sie noch Schmerzen? Das Pflaster ist ja schon ganz schwärzlichgrün verfärbt... Wenn Sie wollen, erneuere ich es Ihnen.«

»Sie sind und bleiben ein Modebanause!« Die Friseurin echauffierte sich. »Ein kurzsichtiger noch dazu. Was Sie da an meinem Knie sehen, ist ein Tattoo.«

Dr. Piepenbrink wendete sich erneut an ihre Mutter und fuhr unbeirrt fort. »Ihre Tochter, die Sie in Sicherheit zu bringen versuchen vor...«

Dieses Mal war es die Baronin, die dazwischenrief. »Das tut hier nichts zur Sache.«

Dr. Piepenbrink lenkte ein. »Das sei akzeptiert, denn hier geht es schließlich um Wesentlicheres.«

Waltraud Stubbard wurde es zu bunt »Wohl wahr, zum Beispiel die W-Fragen: ›wann wir hier wegkommen‹, ›wie ich meinen Sohn erreichen kann‹ oder – ganz vordergründig – ›wieso Sie noch leben‹. Was ist hier ein Aufstand gemacht worden um Ihre angebliche Ermordung.«

»Gut, Madame. Mein vollständiger Name ist Richard Roger Ruchard. Er wird selbstverständlich französisch ausgesprochen. Schließlich bin ich Franzose. Manchmal macht es allerdings Sinn, mich als Amerikaner auszugeben.«

»Ich kann mir keine solche Gelegenheit vorstellen.« Sie wendete sich ab und widmete sich aufmerksam ihrem Taschentuch.

»Sie arbeiten ja auch nicht bei der Sûreté.«

»Sie hingegen aber, was?« Die vorherige Wendung kehrte sich um.

»Ja, das kann ich unterschreiben.« Dr. Piepenbrink mischte sich ein.

»Sie wollen mir jetzt nicht weismachen, dass das Sauerland eine eigene – und dazu französischsprachige – Geheimpolizei hat, oder?« Ein Fläschchen Kölnisch Wasser wurde aufgeschraubt, und sein Inhalt durfte das Stück Stoff benetzen.

»Nein, aber als Vertreter der Bahndirektion unterstütze ich Monsieur Ruchard, wann immer es gilt, französische Staatsangehörige dingfest zu machen.«

»Aber Frau Paulsson hat – wie viele der hier Versammelten – sich doch an schreckliche Vorkommnisse in Amerika erinnert... und das mit Entsetzen.« Der Erfrischung wegen wurde das Taschentuch tupfend über die Stirn geführt.

»Soweit korrekt, was allerdings jede und jeder individuell Schreckliches in Amerika erlebt, macht in der Summe noch keinen Kriminalfall. Noch dazu ohne Leiche.«

»Ach so...« Da war wieder eine, so eine späte Erkenntnis.

»Das sagten Sie unlängst.«

»Und wie steht es mit Ihren Angestellten... den Messieurs McClean und Mustermann. Als Geheimpolizist hat man doch kaum Diener und Sekretäre.«

»Das nicht, aber zugeteilte Mitarbeiter.« Ruchard zeigte sich zutiefst geduldig. »Weswegen man versäumt hat, Herrn Maximilian Mustermann ein Ausweisdokument mit einem vernünftigen Namen zu verpassen, werde ich noch klären müssen.« Beide Hände hoben sich und unterstrichen seine Wissenslücke. »Nun zu unserem hübschen Pärchen zu meiner Linken... dem sauberen Herrn ›Grafen‹ und seiner Angetrauten. Ich bin ihnen schon seit geraumer Zeit auf der Spur und...« Er zog eine Waffe. »...verhafte Sie beide wegen Hochstapelei. Es käme Ihnen vor Gericht zugute, wenn Sie...«

Gräfin Nie bewahrte die Haltung. »Es war alles meine Idee. André...« Sie sprach seinen Namen deutsch aus. »...kann nichts dazu.«

Ruchard wurde deutlich. »Frau Mals, Ihre mangelnden Französischkenntnisse haben Sie überführt. Auch wenn man das Wort französisch ausspricht, es wird daraus kein französisches Wort.«

»Ich fand es irgendwie originell: Mein Mädchenname ›Mals‹, den ja auch mein Mann angenommen hat, war der Ausgangspunkt unserer Gedankenspielerei... ›Mals‹... ›niemals‹... ›Nie‹. André... Schatz, weißt du noch, was du damals zu mir gesagt hast?«

Der erinnerte sich nur zu genau. »Na logo. Dein André hat gesagt...« Synchron beendeten sie den Satz. »›Darauf kommen and're nie!‹«

Dr. Piepenbrink spöttelte. »Zwei eher mittelmäßige Mittelstreckenschwimmer adelten sich selbst.«

»Wie sind Sie auf unsere richtige Identität gekommen, Monsieur Ruchard?« Der angebliche Graf wurde neugierig.

»Bestimmt durch das Taschentuch der Gräfin.« Acheseau schien sich sicher.

Ruchard schüttelte den Kopf. »Bestimmt nicht. Zu dem Taschentuch komme ich nachher noch. Nein, was Sie verraten hat, Herr Nie, war ein Stück Papier. Ich habe es verbrannt, um abzuwarten, wie Sie sich selbst verraten würden.«

»Aber darauf stand doch das Wort ›MORD‹... und dazu noch in Großbuchstaben.« Monsieur Acheseau schüttelte den Kopf.

»Mit den vier Buchstaben war es nicht genug. Davor waren es sechs, danach weitere vier große Lettern. Zusammen ergaben sie das Wort ›SCHWIM – MORD – NUNG‹!«

Der bisher so souveräne Ermittler sackte in sich zusammen. »Ach...«

Dr. Piepenbrink schnitt ihm fast rechtzeitig das Wort ab. »Nicht schon wieder. Was haben Sie eigentlich den Fahrgästen allen hier gesteckt, wer Monsieur Ruchard in Wirklichkeit wäre.«

Acheseau wurde bockig. »Sag ich nicht...«

»Ach... nee...«

»Acheseau«, korrigierte ihn der Franzose. »Falls ich hier nicht mehr gebraucht werde, kann ich mich ja jetzt verabscheuen.« Erhobenen Hauptes stolzierte er aus dem ZugCafé, nicht ohne den Versuch, die Pendeltür hinter sich zuzuschlagen.

Ruchard nahm keine weitere Notiz von ihm. »Kommen wir nun zu besagtem Taschentuch. Das ›B‹ darauf...«

Dr. Piepenbrink musste sich einklinken. »...ist kein kyrillisches ›W‹ für ›Wilhelm‹...,« Er stellte sich Trouc in den Weg, der sich anschickte, fluchtartig aus dem ZugCafé zu stürmen. »...sondern ein lateinisches ›B‹ für ›Bernhard‹, für ›Bernhard Trug‹, abgekürzt zu ›B-Trug‹ – also ›Betrug‹ –, der mitnichten ein französischer Offizieller der Bahn ist, sondern bloß eine Hälfte eines unscheinbaren Gaunerduos... Ein herzliches ›Hände hoch‹ auch Ihnen, Herr Lutz Lug. Sie sind nie im Leben angelernter Kellner, sondern zusammen mit Ihrem sauberen Kompagnon hier bildeten Sie... Darf ich vorstellen? ...das Duo ›Lug und Trug‹, das mit einem Rekord im ›Fahren ohne gültigen Fahrausweis‹, wie man es heutzutage farblos, dafür aber politisch korrekt ausdrückt, ins Guinness-Buch der Rekorde aufgenommen werden wollte. Doch damit ist es in dieser Sekunde vorbei.« Er nickte wissend. »Schluss mit den Fisematenten!«

»Womit bitte?« B. Trug lugte durch die Finger der vor das Gesicht gehaltenen Hände Lug an, Lug erwiderte den verständnislosen, leeren Blick seines Kompagnons.

»Mit dem Spökes!« Cyriac D. Partmann gab den Übersetzer. »Den Spirenzkes.«

Richard Roger Ruchard zückte zwei Paar blitzblanker Edelstahlmanschetten... »Der Zug ist abgefahren!« ...und kettete die zwei gemeinsam an den Griff der Mikrowellenattrappe.

Der Herr mit dem Gipsarm

Ruchard bemühte sich noch um eine rasche Hinzufügung.

»Übrigens vergaß ich vorzustellen: Der Herr mit dem angeblichen Gipsarm im eisblauen Kimono...«

»...mit dem Pinguin darauf...«, vervollständigte Dr. Piepenbrink, leise schmunzelnd.

Ruchard vollendete den Satz mit einem süffisanten Lächeln. »... war unser Autor Wolfgang J. Gerlach.«

Outtakes

»Liebe Leserinnen und Leser!« Richard Roger Ruchard wendet sich nach Auflösung des Falls hiermit direkt an die Leserschaft.

»Liebe Leserinnen und Leser! Beim Film klappen nicht alle Aufnahmen auf Anhieb. Solche Patzer finden verständlicherweise keine Aufnahme in das am Ende fertig geschnittene Œvre. Erst wenn der Film auf Bluray oder DVD erscheint, haben Sie die Chance, sich darüber zu amüsieren, was bei den Dreharbeiten, also bei der Herstellung der Geschichte, schief gegangen ist.

Wenn Sie nun glauben, das wäre bei einem Roman grundsätzlich anders, so darf ich Ihnen verraten: Sie irren...

Denn wenn wir Ihnen im Folgenden unsere speziellen Roman-Outtakes präsentieren, werden Sie verblüffend schnell merken, dass kaum eine der beteiligten Figuren sich von Unsicherheiten oder Schwächen freisprechen kann... sehr zum Leidwesen unseres Autors Wolfgang J. Gerlach.«

*

»Mensch, was mich immer wieder ärgert, sind die Zuschläge, die wir Bahn-Offizielle in Restaurationseinrichtungen dieser Ausprägung hier genauso zu bezahlen haben wie Normalsterbliche«. Er checkte sein Wechselgeld. »Sie sind selbstverständlich eingeladen.«

»Zuschläge?« Das Schlürfen hätte er sich schenken können.

»Ja, Preiszuschläge, wie zum Beispiel die 20 Cent Fehlermeldezuschlag gemäß §20b, Absatz 1c, Nr. 3 des Restaubetriebsrationssicherungswagenstellgesetzes.«

»Sind Sie sicher, was das Gesetz angeht?«

»Ja klar, das Wagenrestaurierungs... das Wagensicherungs... das Wagenerstellungs... äh, das Betriebsrationierungs... das Betriebsratswagen...«

»Brauchen Sie eine Tüte?«

»Wozu?«

»Zum Hineinsprechen... Dann können Sie die Wortbestandteile mit Ruhe sortieren!«

»Ist das so? Warum?«

»Hey, das sind meine Fragen!« Acheseau schüttelte erbost den Kopf.

*

Das ZugCafé leerte sich nach und nach in die Gegenrichtung, Gelegenheit für Acheseau, alle nochmals unauffällig zu mustern. Erst als der Bischof sich in Bewegung setzte, fiel den beiden Freunden auf, dass sie die junge Frau unter dem Schutenhut, die auf dem Klappsitz in der Ecke gegenüber dem gräflichen Paar kauerte, völlig übersehen hatten. Lou Louc war allerdings nicht zu sehen. Möglicherweise hatte er einen Toilettengang unternommen und würde die schmutzigen Becher und leeren Flaschen seiner Kundschaft anschließend beseitigen.

»Louc?« Wolfgang J. Gerlach irritierte die Abwesenheit des angelernten Kontrolleurs und Kellners einigermaßen. »Lou Louc! Wo stecken Sie denn?« Den aufmerksamen blauen Augen hinter den Titanumrandeten Gläsern seiner Brille entging kein Detail des ZugCafés. Und da war eben kein Louc. »HERR Louc!«

Dienstbeflissen stolperte der Gerufene die Stufen herunter und nahm Haltung an.

»Wo waren Sie denn, Mensch? Wie soll das denn nun hier weitergehen?«

Erbost wedelte Louc seinem Autor mit einem Stapel Zettel vor der Nase herum. »Wer hat mich denn zum Continuity-Beauftragten gemacht? Wer?«

»Ja, ich natürlich. Wer denn sonst wohl? Und?«

»Ich habe nur meine Arbeit gemacht! Und Ordnung in die Abläufe gebracht.«

»Wo denn, wenn man fragen dürfte?«

»An der einzigen Stelle, an der man hier seine Ruhe hat: auf dem stillen Örtchen...« Sein Daumen wies über die dazugehörige Schulter hinter sich. »...da oben!«

»Okay, machen Sie jetzt mal hier Ihren Job, und dann sehen wir weiter... Ich kann mich auch nicht um alles kümmern!«

»Ich weiß, aber dafür haben Sie ja mich!«

*

Louc kehrte gerade mit je einem Bündel Ausweispapiere und Fahrkarten zurück. Der Bahn-Offizielle nahm sie ihm ab und löste die Gummibänder, die die Dokumente beisammen hielten.

»Danke, Louc. Ich finde, es wäre jetzt am besten, wenn Sie solange in meinem Dienstabteil warten. Wir werden Ihre Aussage nachher aufnehmen.«

»Bien sûr, Monsieur.« Und weg war er. Erwartungsgemäß hielt sich niemand im angegebenen Dienstabteil auf: Zeit und Platz genug für ihn sich auszubreiten und die unten im ZugCafé unmittelbar anstehende Wortfolge aufzuräumen, was er auch mit Akribie erledigte, wie sein Autor eine ganze Weile später zu spüren bekam: Louc kam auf 130 Wörter, das ergab 724 Zeichen, 833 sogar, wenn man die Leerfelder mitrechnete. Er beschloss im Stillen, es bei den Wörtern und Satzzeichen bewenden zu lassen. Würde Gerlach das mitbekommen? Kurz überschlagen, kam er auf 179 Positionen. Das war machbar...

Trotzdem
würde
es
dauern,
bis
das
sortiert
war!

!	?	Das
,	»	dass
,	»	dass
,	»	dass
,	»	dem
,	»	dem
,	»	der
,	»	Detektiv
,	»	die
,	»	Die
,	«	durchaus
,	«	einen
.	«	Eins
.	«	ermordet
.	«	erstochen
.	«	erwischt
.	«	es
.	«	Es
.	«	Fall
.	Ach	genau
.	Acheseau	genau
.	als	gern
.	an	getötet
.	Arbeitgeber	haben
…	auf	hat
…	Augenlid	heißt
…	aus	hiesige
?	aus	hinter
?	Bahngesellschaft	Hornbrille
?	Bereiten	ich

ich	Monsieur	sind
ich	Mord	so
Ich	Mr.	so
Ich	muss	so
ihn	Name	So
Ihr	natürlicher	spielen
Ihre	nehmen	Tja
in	nun	Tod
Information	nur	tot
Irritation	ob	und
ist	richtig	Und
ist	Rolle	Und
kaum	Ruchard	Vermutung
kaum	Ruchard	vertrete
kein	Ruchard	Victor
klarstellen	sagte	vor
letztendlich	Satz	war
liebend	Schock	wäre
linkes	Sein	waren
löste	Sèrecule	warum
McClean	sich	welche
McClean	sicher	Wer
McClean	sie	woll
Mein	Sie	wurde
meinen	Sie	wurde
merklich	Sie	wüsste
mit	Sie	zögerte
Monsieur	Sie	zuckte
Monsieur	Sie	zunächst
Monsieur	sieht	

Geschafft!

*

Der Bischof musste an sich halten.

»Frau van Nebben-Aan ist eine Dame.« Er klang endgültig.

»Ah! So finden Sie also nicht, dass es wahrscheinlich ist, dass sie in das Delikt verwickelt ist?«

»Die Idee ist absurd.« Er schüttelte den Kopf.

»Die Sache liegt Ihnen am Herzen.«

Die nüchterne Feststellung sorgte für Verwirrung. Er stellte den Fuß wieder auf den Boden, neben sein Pendant, beugte sich angespannt vor und stützte sich dabei – die Ellenbogen nach außen – mit gespreizten Daumen und Zeigefingern auf die Knie... und rutschte ab.

»Mea culpa... Kann ich noch mal?«

»Ja, aber mit mehr Konzentration, wenn ich bitten darf!« Weder Acheseau noch sein Autor waren zu Zugeständnissen bereit.

»Ab wo?« Er blickte kurz auf den Spickzettel, den er aus der Hosentasche gezogen hatte.

Sèrecule Acheseau übernahm das Kommando. »Ich fang an... Also: Die Sache liegt Ihnen am Herzen.«

Die nüchterne Feststellung sorgte für Verwirrung... Wohin bloß mit dem Spicker? Er stellte den Fuß wieder auf den Boden, neben sein Pendant, und der Zettel verschwand wieder in der Hosentasche.

»Ich geh dann mal wieder.« Wolfgang J. Gerlach machte sich durch.

Berdochnoch riss den Beginn energisch an sich. »Die Idee ist absurd.« Er schüttelte den Kopf.

»Die Sache liegt Ihnen am Herzen.«

Die nüchterne Feststellung sorgte für Verwirrung. Er stellte den Fuß wieder auf den Boden, neben sein Pendant, beugte sich angespannt vor und stützte sich dabei – die Ellenbogen nach außen – mit gespreizten Daumen und Zeigefingern auf die Knie.

»Weiß in der Tat nicht, was Sie meinen.«

»Das ist ja alles nebensächlich.« Acheseau winkte ab. »Lassen Sie uns praktisch denken und zu den Tatsachen übergehen. Wir haben Anlass zu der Hypothese, dass dieses Gewaltverbrechen gestern Nacht um halb zwölf geschah. Es ist Teil der unerlässlichen Routine, mich bei allen Reisenden im Zug zu vergewissern, was er oder sie zu diesem Zeitpunkt dabei war zu tun.«

»Recht so.« Der Bischof hatte sich wieder gefangen. Er lehnte sich an, schlug das linke Bein über das rechte und präsentierte unweigerlich eine ozeanblaue Herrensocke. Acheseaus erstaunten Blick ob dieser Offenbarung mochte er nicht unkommentiert lassen. »Hat mir unser Autor auf meine Bitte hin explizit erlaubt...«

Verständnis hätte das Gesicht des Detektivs erhellt, so aber musste er nachhaken. »Was explizit erlaubt?«

»Na, auch was Blaues anzuziehen!«

»Wieso das denn?«

»Na, weil man bei seiner Hochzeit dreierlei dabeihaben sollte: etwas Altes, etwas Geliehenes und eben etwas Blaues.«

»Und worin besteht das Geliehene bei Ihnen? Jetzt haben Sie mich neugierig gemacht.«

»Meine Unterh...«

»Das geht zu weit, entschieden zu weit!« Hatte die Intervention Schlüpfrigeres verhindert?

Berdochnoch ließ sich jedoch nicht so einfach bremsen in seiner Predigt. »Meine UnterHALTung mit Ihnen nimmt nun doch sehr persönliche Züge an. Finden Sie nicht?«

»Sie wissen schon, dass Sie die Utensilien an Ihre Braut abtreten müssen, um dem Brauch zu genügen?« Der Ermittler begann, lauthals zu lachen. »Ich habe gerade so ein Bild im Kopf und werde es nicht los: Ihre Braut mit einer blauen Herrensocke!« Er wedelte mit der Hand, wie um eine lästige Mücke zu vertreiben. »Tu das Bild weg!« Sein Gelächter wurde von einem Hustenreiz abgelöst. »Tu das weg!«

Louc hatte wohl hinter der Glastür mitgehört. Jetzt wurde es ihm unheimlich... »So geht das nicht! Hört ihr? So geht das nicht!« Er guckte genervt von einem zum anderen.

Trouc fuhr ihm in die Parade. »Was geht wie nicht?«

Louc zitterte leicht vor Erregung. »Wer ist für die Continuity zuständig? Wer, hä? Immer noch ich! Das mit der Heiratsabsicht kommt doch erst an einer späteren Stelle des Romans. Ihr bringt mich noch ganz aus dem Konzert.«

*

»Bevor ich in irgendeinen falschen Verdacht gerate... Ich bin kein Vermittler im ursprünglichen Sinn...«

»Erläutern Sie das bitte, Monsieur Partmann.« Acheseaus Augenbrauen weiteten sich.

Partmann seufzte, entsorgte mühselig das Kaugummi in den Klappaschenbecher, erhob sich umständlich, langte in seine Tasche und holte ein versilbertes, leicht verschrammtes Zigarettenetui hervor, dem er eine Visitenkarte entnahm, die er irgendwie reichlich umständlich zwischen Zeige- und Mittelfinger zurecht rückte, um sie gespielt salopp wie eine Mini-Frisbeescheibe, doch kaum wirklich elegant, dem Frage-Trio auf den Tisch zu werfen. »Das hier bin ich im echten Leben.«

Eingehend untersuchte der Detektiv das gelandete Kartonstückchen und meinte kaum hörbar: »Das ›Gallern‹ üben wir noch mal am Wochenende.«

Partmann hatte die Bemerkung dennoch mitbekommen. »›Gallern‹? Was soll das heißen? Das Wort gibt es gar nicht.«

»Wohl gibt es den Ausdruck. Diese Art, einem Gegenstand beim Wurf einen Spin mitzugeben, ihn folglich in Rotation zu versetzen, nennt man ...«

»Aus, aus!« Wolfgang J. Gerlach schaltete sich ein. Er konnte es nun einmal gar nicht haben, wenn seine Charaktere nicht bei der Sache blieben. »Also jetzt noch mal ab ›Das hier bin ich wirklich.‹ Und Monsieur le Détective untersucht das gelandete Kartonsstückchen ohne jeden Kommentar. Soweit klar?« Energisch wippend, betonte sein gestreckter Zeigefinger die angebrachte Korrektur. »Also... ›Das hier bin ich...‹ Partmann bitte!«

*

»Nun...« Acheseau ging einfach über die These hinweg und griff nach dem letzten Ausweis. »...zu dem letzten Namen auf unserer Liste: ›Belle, Friseurin‹.«

»Die wieder in der Hosenruine? Meine Mutter hätte so etwas nicht einmal zum Putzen angezogen!«

Eine laute Frauenstimme quittierte den Satz. »Keine Ahnung und davon eine ganze Menge!«

Verlegenheit hatte einen Namen.

»Ich trage die Mode meines Geburtsjahrgangs.« Mira Belle verfiel ins Dozieren.

»Es kommt alles wieder.« Wusste wenigstens Acheseau Bescheid?

»Diese Jeans gehört quasi zum Trend-Comeback des Jahres 2020. Und bei einem Modedesigner-Label kann so ein Stück schnell mal 790 Euro kosten.«

Dr. Piepenbrinks Kinnlade fasste sich als erste und half bei der Formulierung seiner Frage. »Aber warum ›quasi‹?« Seine Neugier war geweckt.

»Ich bin Friseurin, wie Sie mittlerweile wohl wissen dürften. Auch wenn die Frau Baronin mir kein schlechtes Gehalt zahlt, so ist doch die Weite der Sprünge, die man damit machen kann, endlich begrenzt.«

»›Endlich begrenzt?‹ Hatten Sie vorher quasi unbegrenzt Geld zur Verfügung?«

»›Quasi?‹«

»Gewissermaßen.«

»Entschuldigen Sie bitte den Ausdruck ›endlich begrenzt‹. Mein Freund ist Mathematiker.«

»Quasi.«

»Nein in echt... Was ich in Bezug auf meine Jeans sagen wollte ist, dass ich mir ein Original niemals leisten könnte. Da heißt es ›kreativ werden‹.«

Acheseau übernahm wieder. »Wie haben wir uns das vorzustellen?«

»Ich habe mir unterschiedliche Versuchsanordnungen ausgedacht und nacheinander so lange ausprobiert, bis ich einigermaßen zufrieden war.«

»Was versuchten Sie?«

»Ich musste herausfinden, mit welcher Körnung Schleifpapiers beispielsweise man die waagerechten Fäden allerhöchstens anraut, die senkrechten aber nach dem Behandlungsvorgang entfernen kann!«

»Und wenn die waagerechten auch einmal reißen?«

»Sie wieder miteinander zu verbinden ist nicht sehr schwer. Das mache ich mit derselben Technik, wie wenn ich als Friseurin Extensions ins Haar einer Kundin fabriziere.«

»Ah ja, und was soll das Ganze?«

»So eine Jeans ist ein Statement, Dinge des alltäglichen Lebens möglichst lange zu verwenden, selbst wenn sie erhebliche Abnutzungserscheinungen zeigen.« Sie hatte sich zusehends beruhigt, nahm jetzt sogar das bunte Schmuckstück vom linken Handgelenk... und knabberte versonnen eine der Perlen ihres Candy-Armbands.

*

»Ja, der Ringo... Ich kann beschwören, dass er in der vergangenen Nacht seinen Platz nie im Stich ließ.«

»Ist das alles, was Sie auszusagen haben?«

»Das ist alles, der Herr.« Weg war er wieder.

Der Flaschensammler wunderte sich aufs Neue. »Das alles ist ja noch viel unwahrscheinlicher als in jedem Roman, in dem ich je mitgewirkt habe.«

Er fand keine Zustimmung, erst recht nicht die seines Autors.

Danksagung

Bedanken möchte ich mich bei allen, die dieses Buch möglich gemacht haben und die stets Geduld mit mir hatten.